KB133665

# 어떻게 나이 들 것인가?

# 어떻게
# 나이 들 것인가?

품격 있는 삶을 살고 싶은
현대인을 위한 고대의 지혜

마르쿠스 툴리우스 키케로 | 필립 프리먼 엮음 | 안규남 옮김

아날로그

일러두기

이 책은 마르쿠스 툴리우스 키케로의 *Cato Maior De Senectute*를 번역하고 개론을 덧붙인 것이다. 프린스턴대학교 출판부의 Ancient Wisdom for Modern Readers 시리즈 중 *How to Grow Old: Ancient wisdom for the Second Half of Life*를 우리말로 옮겼다.

# 차례

## 키케로와 『노년에 관하여』

   기원전 45년은 마르쿠스 툴리우스 키케로<sup>Marcus Tullius Cicero</sup>에게 불운한 해였다.

   로마의 저명한 웅변가이자 정치가였던 그는 당시 60대 초반의 나이에 독신이었다. 몇 해 전 30년을 함께한 아내와 이혼하고 그해에 젊은 여인과 결혼했지만 곧 다시 이혼했다. 이에 앞서 같은 해 초에는 사랑하는 딸 툴리아<sup>Tullia</sup>가 죽었다. 딸의 죽음은 키케로에게 감당하기 힘든 슬픔을 안겨주었다. 게다가 4년 전 율리우스 카이사르<sup>Julius Caesar</sup>가 루비콘 강을 건너 로마 공화국을 내전으로 몰고감에 따라 키케로는 로마 정계에서 영향력을 거의 상실했다.

   그는 카이사르의 독재에 반대하다 이후 굴욕적인 사면을 받고 사유지가 있는 시골로 물러났다. 로마에서 멀리 떨어진 이곳에서 키케로는 자신이 아무런 쓸모 없는 노인이 되었다고 생각했다.

그러나 키케로는 술에 빠져들거나 친구였던 마르쿠스 포르키우스 카토Marcus Porcius Cato(소 카토)처럼 자살하지 않고 글을 쓰기 시작했다. 젊은 시절에 그리스 철학에 심취했던 그는 플라톤Platon, 아리스토텔레스Aristoteles를 비롯한 위대한 철학자의 사상을 로마인들에게 설명하는 책을 쓰고 싶어 했다. 욕망 충족에 국한된 것으로 보이는 에피쿠로스 학파의 견해보다는 스토아 철학에서 말하는 덕, 질서, 신의 섭리 같은 원리가 마음에 들었다.

케케로는 이른 아침부터 늦은 밤까지 글쓰기를 계속했고 그 결과 놀랄 만큼 짧은 기간에 정부, 윤리학, 교육, 종교, 우정, 도덕적 의무 등에 관한 수많은 논문을 집필했다. 『노년에 관하여Cato Maior De Senectute』는 카이사르가 암살된 기원전 44년 3월 15일 직전부터 쓰기 시작했다.

오늘날과 마찬가지로 고대에도 사람의 수명은 얼마든지 짧을 수 있지만, 고대 그리스와 로마에서 살았던 모든 사람의 수명이 반드시 짧았던 것은 아니다. 물론 고대인들이 언제 태어나 언제 죽었는지를 확인하기는 어렵다. 게다가 영유아 사망률도 매우 높았다. 하지만 일단 성인까지 살아남기만 하면 60세나 70세 혹은 그 이상까지 장수할 수도 있었다.

키케로에 앞서 그리스인들도 방식은 다르지만 노년에 대한 글을 남겼다. 노인을 호메로스$^{Homeros}$의 서사시에 나오는 네스트로$^{Nestor}$ 왕처럼 지혜로운 자로 표현한 경우도 있었고, 늘 불평을 입에 달고 사는 피곤한 사람으로 표현한 경우도 있었다. 노년에 관해 가장 인상적인 글을 남긴 고대인은 기원전 6세기의 시인 사포$^{Sappho}$다. 사포는 사라진 젊음을 슬퍼하는 시를 썼는데 그 일부가 최근에 발견되었다.


… 매끈하던 내 피부, 지금은 주름졌네,

… 검던 내 머리카락, 하얗게 세었네.

심장은 느리고, 새끼 사슴처럼

경쾌하게 춤추던 내 무릎

나를 감당 못하네.

이를 슬퍼한 날이 무릇 얼마던가—허나

어찌 하겠는가?

인간은 누구나 늙음을 피할 수 없으니.


늙음에 대한 체념을 표현한 사포와 달리 키케로는 노년에 대한 큰 그림을 그리고자 했다. 그는 노년의 한계를 인정하면서도 노년이 성공적으로 보낸 삶의 끝에서 마주하게 될 성장과 완성을 위한 기회일 수 있음을 보여주고자 했다.

키케로는 『노년에 관하여』에서 존경하는 대 카토 Cato the Elder 의 입을 빌려 자신의 생각을 표현한다. 카토는 자신의 친구인 두 청년과 나눈 짧은 대화에서 현명한 삶을 추구하는 사람들에게 어째서 노년이 인생의 최고 단계일 수 있는지를 들려준다. 그는 노년이 무기력, 질병, 관능적 쾌락의 상실, 임박한 죽음에 대한 강한 두려움 등으로 가득한 비참한 시기라고 생각하는 많은 사람들의 주장을 반박한다. 세네카는 이 글에서 카토의 입을 빌려 노인들의 말은 딴 데로 새는 경우(카토가 농사일에 대해 장황하게 이야기하는 대목)가 많다고 자조하기도 하지만, 기본적으로 노년을 두려움의 대상이 아니라 마음껏 즐겨야 할 인생의 시간이라고 본다.

노년에 관해 쓴 이 작은 책에는 귀중한 교훈이 많이 들어 있다. 가장 중요한 몇 가지만 뽑아보면 다음과 같다.

## 1. 훌륭한 노년은 젊을 때 시작된다

키케로는 노년을 생산적이고 행복한 시기로 만들어주는 특성들을 젊어서부터 길러야 한다고 말한다. 절제와 지혜, 명료한 사고 그리고 삶에서 만나는 모든 것을 즐기는 자세. 이것들은 노년을 지탱해주는 것이기에 젊은 시절부터 익혀 습관으로 만들어야 한다. 그렇지 못한 젊은이들은 나이가 들수록 행복해지기 더 어렵다.

### 2. 노년은 인생에서 매우 즐거운 시간일 수 있다

내면을 잘 갈고닦으면 노년은 아주 즐거울 수 있다. 물론 불행한 노인들이 많이 있다. 하지만 그것은 나이 때문이 아니다. 키케로는 그들이 불행한 이유가 늙어서가 아니라 내면이 빈곤해서라고 말한다.

### 3. 인생에는 다 때가 있다

젊어서 즐길 수 있는 것들이 있고 나이 들어서 즐길 수 있는 것들이 있다. 그것이 자연의 이치다. 그러니 젊음에 연연하는 것은 소용없는 짓이다. 자연의 이치에 맞서 싸우면 그 결과는 필패다.

## 4. 노인과 젊은이는 지혜와 시간을 나눌 수 있다

삶에는 경험을 통해서만 얻을 수 있는 참된 지혜가
있다. 젊은이들에게 이 지혜를 전해주는 것은 노인의
즐거움이자 의무다. 젊은이들도 노인들과 즐거운 시
간을 함께하는 것을 비롯해 많은 것을 줄 수 있다.

## 5. 한계는 있지만, 아무것도 할 수 없는 것은 아니다

80세 먹은 노인이 도보 경주에서 건강한 20대 청
년을 이길 수는 없다. 하지만 노인들도 신체가 허용
하는 한에서는 여전히 신체적 활동을 할 수 있다. 공
부를 하거나 글을 쓰는 일에서부터 공동체에 지혜와
경험을 제공하는 일에 이르기까지 많은 체력이 필요
하지 않은 일들이 있다.

## 6. 정신은 단련이 필요한 근육이다

이 책에서 키케로의 대변자로 등장하는 카토는 노
년에 그리스 문학을 연구하고 날마다 잠들기 전에 하

루의 일을 곰곰이 되짚어본다. 늙어갈수록 어떤 식으로든 우리의 정신을 가능한 한 많이 사용해야 한다.

## 7. 노인들은 자기 힘으로 서야 한다

키케로의 말을 인용하면, "노년은 스스로를 보호하고 자기 권리를 지키고 누구에게도 굴복하지 않고 마지막 숨을 거둘 때까지 자기 영역을 지배할 경우에만 존중받는다." 노년은 수동적인 시기가 아니다.

## 8. 사람들은 성을 과대평가한다

노인들도 성적 즐거움을 누릴 수는 있다. 하지만 젊은 시절에 강렬했던 성적 욕구는 나이가 들수록 시들어간다. 키케로에 따르면, 이는 늙음이 주는 선물이다. 관능적 욕구가 줄어드는 대신에 그만큼 인생에서 훨씬 더 만족스럽고 지속적인 것들을 즐길 수 있는 여지가 생기기 때문이다.

## 9. 자신만의 정원을 가꿔보라

키케로는 농사의 즐거움을 찬양하는 대목에서 이런 주장을 펼치지만, 여기에는 그 이상의 중요한 교훈이 담겨 있다. 행복하려면 반드시 진정한 즐거움을 안겨주는 가치 있는 활동을 찾아내야 한다는 것이다. 원하는 것이 거름을 주거나 포도나무의 가지를 치는 일이 아닐 수도 있을 것이다. 그게 무엇이든 하고 싶은 일을 찾아 그 일을 즐겨라.


## 10. 죽음은 두려운 것이 아니다

키케로는 죽음은 인간 의식의 소멸이거나 영원한 지복의 시작이거나 둘 중 하나라고 말한다. 이 말이 맞든 틀리든, 키케로가 말하듯 분명 인생은 연극 같은 것이다. 훌륭한 배우는 무대를 떠날 때를 안다. 지금까지 잘 살아왔고 종막이 다가오고 있는데 죽지 않으려고 기를 쓰는 것은 헛되고 어리석은 일이다.

중세에서 오늘날에 이르기까지 많은 독자들이 키케로의 이 작은 책에서 즐거움과 영감을 얻었다. 프랑스의 수필가 몽테뉴Montaigne는 이 책을 읽고 늙어가는 것에 대한 관심을 갖게 되었다고 말했고, 미국 건국의 아버지 존 애덤스John Adams는 만년에 여러 번 반복해서 읽을 만큼 이 책을 좋아했다. 책을 읽고 깊은 감명을 받은 벤저민 프랭클린Benjamin Franklin은 1744년에 필라델피아에서 번역본을 출간했는데, 이는 미국에서 가장 일찍 출판된 고전 저술 중 하나다.

젊음만을 추구하는 오늘날의 세계에서 시대를 뛰어넘는 키케로의 지혜는 노년에 대한 깊은 통찰을 전해줄 것이다.

친구 아티쿠스에게 바치는 헌사

# 1

티투스여, 제가 당신께 무엇이든 도움을 드릴
수 있다면,
지금 당신의 가슴에 박혀
당신을 괴롭히고 있는 근심을 덜어 드릴 수 있
다면,
그 보답으로 무엇을 주실 건지요?[1]

아티쿠스<sup>Titus Pomponius Atticus</sup>여,

부는 적으나 충성심은 가득한 그 사람[2]이

플라미니누스<sup>Titus Quinctius Flamininus</sup>에게 했던 이 말을
자네에게 똑같이 하고 싶네. 물론 자네는 플라미니누
스처럼

않을 게 분명하지만 말일세.

자네가 절제력에 평정심까지 갖추었다는 것을 잘 알고 있기에 하는 말이네. 자네가 아테네에서 로마로 가져온 것은 별명만이 아니었네![3] 교양과 현명함도 가지고 왔지. 그런 자네도 혹여 나처럼 작금의 시국 탓에 마음이 힘들지 않을까 염려되네. 하지만 이런 시국에 위안을 찾는 일은 지금으로서는 너무 어려우니 다음 기회로 미뤄두기로 하세.

## 2

　지금은 노년이라는 주제로 글을 쓸 생각이네. 우리 둘 다 노년이라는 짐을 지고 있지. 그 정도는 아니라 해도 최소한 노년이 우리를 향해 빠른 속도로 다가오고 있고 그것을 피할 길은 없다네. 그래서 자네와 나 모두를 위해 그 짐을 가볍게 하고 싶네.[4]

　나는 자네가 모든 일에서 그렇듯이 늙어가는 상황에도 차분하고 현명하게 대처하고 있고 앞으로도 그러리라는 것을 잘 알고 있네. 그런데도 노년에 대해 뭔가를 써볼 생각을 하니 계속 자네 생각이 나더군. 이 작은 책이 우리가 함께 즐길 수 있는 의미 있는 선물이었으면 하네.

　실제로 이 책을 쓰는 동안 늙어가는 것의 안 좋은 점들에 대한 생각이 모두 사라져버렸고 늙는 것이 오히려 유쾌하고 즐거운 일로 보였을 만큼 이 책을 쓰는 것은 내게 너무도 큰 즐거움이었네.

지혜에 대한 사랑과 추구는 아무리 찬양해도 부족할 걸세. 그것은 인간들이 걱정에서 벗어나 삶의 모든 시기를 즐길 수 있게 해주니 말이네.

# 3

나는 지금까지 다른 주제에 대해서는 많은 글을 썼고 앞으로도 계속 쓰겠지만, 이미 말했듯이 지금 자네에게 보내는 이 책은 늙어감에 대한 것이라네. 케오스Ceos의 아리스토Aristo는 늙어감에 대해 쓸 때 티토누스Tithonus를 대변자로 세웠지만, 나는 그런 중요한 자리에 신화 속의 인물을 내세우는 것은 좋지 않다 생각하네.[5]

그래서 나는 독자들이 좀더 진지하게 받아들일 수 있도록 노년의 마르쿠스 포르시우스 카토Marcus Porcius Cato의 입을 빌려 내 이야기를 했다네. 장소는 카토의 집으로 했고, 거기서 라엘리우스 가이우스Gaius Laelius와 스키피오 아이밀리아누스Scipio Aemilianus가 노년을 훌륭하게 보내는 카토를 찬미하고 있는 것으로 상정했네.[6] 혹시 카토의 말이 그가 쓴 글에서 볼 수 있는 것보다 박학다식해 보인다면, 그가 만년에 열심히 공부한 그리스 문학 덕분이라고 생각하게나.

각설하고, 이제 카토의 입을 빌려 노년에 대한 내 생각을 말해보겠네.

# 품격 있게 나이 드는 법 I

노년은 인생에서 가장 불운한 시기인가?

# 4

**스키피오:** 카토 님, 라엘리우스와 저는 모든 것에 대한 당신의 더할 나위 없이 뛰어난 지혜에 감탄의 말을 주고받곤 합니다. 그중에서도 특히 늙는다는 것이 당신에게는 결코 짐이 아닌 것 같다는 데 감탄하곤 합니다. 당신과 달리 대부분의 나이 든 사람들은 늙는다는 것에 대해 불평을 터뜨리기 일쑤니까요. 그들은 늙는 것이 에트나 산보다 더 무거운 짐이라고 말합니다.[7]

**카토:** 이보게, 젊은 친구들. 자네들은 그리 대단하지도 않은 일을 가지고 나를 추켜세우고 있는 것 같네. 자기 안에 축복받은 행복한 삶을 영위할 수단이 없는 사람들은 나이와 상관없이 삶이 고통스러운 법이지. 하지만 자신 안에서 좋은 것들을 추구하는 사

람에게는 자연이 주는 어떤 것도 문제가 되지 않네. 늙는 것이야말로 가장 적절한 예라고 할 수 있지. 사람은 누구나 오래 살기를 바라면서도 대부분은 막상 노년이 다가오면 불평을 해대네. 이렇듯 어리석고 모순된 모습을 보이는 게 인간 아니겠나.

사람들은 노년이 생각보다 훨씬 더 빨리 찾아왔다고 말하네. 도대체 그런 형편없는 생각을 하게 된 책임이 누구에게 있을까? 유년기 다음에 청년기가 찾아오는 것보다 청년기 다음에 노년기가 찾아오는 것이 더 빠르기라도 하단 말인가? 80년이 아니라 800년을 살면 노년의 짐이 줄어들기라도 한단 말인가? 사람이 어리석은 한, 아무리 오래 산다고 해도 훌쩍 지나가버리는 시간 앞에서 그를 위로할 수 있는 것은 아무것도 없다네.

# 5

그러니 자네들이 감탄하는 것처럼 정말로 내가 지혜롭다면—내가 자네들의 그런 평가와 내 별명[8]에 걸맞은 사람이면 좋겠네—, 내가 자연을 최고의 안내자로 삼고 마치 신에게 복종하듯이 자연의 법칙에 복종한다는 점에서는 그렇다고 할 수 있네. 인생이라는 연극의 다른 부분은 세심하게 계획해놓은 자연이 그 종막만 되는 대로 내버려둘 만큼 형편없는 극작가는 아닐 걸세.

더군다나 종막은 반드시 있을 수밖에 없네. 마치 나무의 열매와 대지의 결실이 언젠가는 시들어 떨어질 수밖에 없듯이 말일세. 현명한 사람은 이것을 알고 선선히 받아들인다네. 자연과 맞서 싸우는 것은 거인이 신에 맞서 싸우는 것만큼이나 무의미한 일이라네.[9]

# 6

**라엘리우스:** 맞는 말씀입니다, 카토 님. 그래서 당신께 특별히 부탁드릴 것이 있습니다. 저희 둘은 노인이 될 때까지 충분히 오래 살기를 바랍니다. 그러니 저희에게 다가오고 있는 노년의 무게를 어떻게 하면 아주 잘 견딜 수 있을지를 가르쳐주시면 정말 감사하겠습니다.

**카토:** 자네들이 정말로 원한다면 기꺼이 말해주겠네, 라엘리우스.

**라엘리우스:** 폐가 되지 않는다면, 부디 그렇게 해주십시오. 당신은 이미 먼 길을 걸어오셨고 저희도 앞으로 그 길을 따라가게 될 터이니, 그 여행에 대해 가르침을 주시기 바랍니다.

## 7

**카토**: 최선을 다해 보겠네. '유유상종'이라는 옛말처럼 나도 비슷한 나이의 사람들이 모인 자리에서 종종 푸념하는 소리를 듣곤 하네. 특히 나와 거의 동년배로 둘 다 집정관을 지낸 적이 있는 가이우스 살리나토르Gaius Salinator와 스푸리우스 알비누스Spurius Albinus10는 늙음이 관능적 쾌락을 앗아가버렸고 그런 쾌락 없는 삶이 허망하다고 늘 한탄하곤 했네. 또한 예전에는 친절했던 사람들이 지금 와서는 자신들을 홀대한다고 불평을 하곤 했지.

하지만 내 생각에 그들은 엉뚱한 데 화풀이를 하고 있네. 만일 그런 일들이 정말로 늙었기 때문에 일어나는 것이라면, 똑같은 일들이 나나 다른 노인에게도 일어나야 할 걸세. 하지만 나는 불평 없이 늙어가고 있는 사람들을 많이 알고 있네. 그들은 관능적 욕망의 족쇄를 그리워하지도 않고 사람들에게 홀대를 당하지도 않네.

　다시 말해 그런 불평은 모두 나이 탓이 아니라 성격 탓이네. 사리분별을 알고 친절하고 자비로운 노인들은 늙는 것도 잘 감당한다네. 이기적이고 성마른 사람들은 나이와 상관없이 인생의 어느 시기에나 불행한 법이지.

# 8

**라엘리우스:** 지당하신 말씀입니다. 그런데 늙는 것을 그렇게 잘 감당하는 것은 부, 재산, 사회적 지위가 있기 때문이고, 그런 것을 가진 사람들은 극소수라고 말하는 사람이 있다면, 그들에게 뭐라고 말씀하시겠습니까?

**카토:** 그 말도 일리가 있네, 라엘리우스. 하지만 그것이 전부는 아니네. 테미스토클레스<sup>Themistocles</sup>와 세리포스<sup>Seriphos</sup> 사람[11]의 이야기를 생각해보게.

어느 날 둘이 언쟁을 하던 중에 세리포스 사람이 말했지. 테미스토클레스가 유명한 것은 그가 이룩한 업적 때문이 아니라 그의 조국인 아테네 시의 영광 덕분이라고 말일세. 그러자 테미스토클레스는 말했지. "맞는 말이오. 내가 세리포스 사람이었다면 결코 유명해지지 못했을 것이오. 하지만 당신은 아테네 사람이었어도 유명해지지 못했을 것이오."

노년에 대해서도 같은 말을 할 수 있네. 현명한 사람이라고 해도 가난하다면 그에게 노년은 가벼운 짐이 아니네. 하지만 어리석은 자에게는 세상의 돈이 모두 그의 것이라 해도 노년이 편안할 수 없는 법이네.

# 9

친애하는 스키피오와 라엘리우스여, 노년은 노년
대로 적절한 대비책이 있다네. 그것은 바로 현명하고
바르게 사는 것을 공부하고 실천하는 것이지.

만일 자네들이 사는 내내 이것을 갈고닦으면 늙어
서 풍부한 결실을 거두게 될 걸세. 그것은 죽음이 머
지않았을 때—우리가 나누고 있는 이야기의 핵심—
에도 놀라운 결실을 가져다줄 것이네. 게다가 자네들
은 자신이 좋은 인생을 살았고 행복한 기억이 많다는
데 만족할 테고.

# 10

젊은 시절에 나는 타렌툼<sup>Tarentum</sup>을 탈환한 퀸투스 파비우스 막시무스<sup>Quintus Fabius Maximus</sup>**12**를 좋아했네. 당시 그분은 노인이었고 나는 청년이었는데도 마치 동년배인 양 그분을 좋아했지. 그분은 위엄이 있는 데다 친절하기까지 했는데 오랜 세월이 지나도 그대로였네.

처음 그분을 알게 되었을 때 아주 고령은 아니었지만 이미 적지 않은 나이였네. 처음으로 집정관이 된 때가 내가 태어난 이듬해였으니까 말이야. 네 번째로 집정관을 맡으셨을 때 나는 젊은 병사로 그분과 함께 카푸아<sup>Capua</sup>로 진군했고, 그로부터 5년 뒤에는 함께 타렌툼으로 출병했네. 4년 뒤에 투디타누스<sup>Tuditanus</sup>와 케테구스<sup>Cethegus</sup>가 집정관일 때 나는 재무관이 되었지. 당시에 그분은 아주 고령이었는데도 선물과 변호

수수료에 관한 킨키우스 법을 지지하는 발언을 하고 계셨네.[13]

그분은 많은 나이에도 전쟁터에서 마치 청년처럼 싸웠고 한니발의 젊은 혈기를 인내력으로써 잠재워 버렸네. 내 친구 엔니우스는 다음과 같이 멋진 말로 그분을 기렸지.

한 사람의 지연책이 우리 나라를 구했네.
그는 자신의 명성보다 로마의 안전을 앞세웠
으니,
이제야 비로소 그 영광이 더 밝게 빛나네.

퀸투스 막시우스는 타렌툼 탈환에서 이러한 신중함과 지략을 보여주셨네! 나는 타렌툼을 빼앗기고 성채로 달아났던 로마 사령관 마르쿠스 리비우스 살리나토르Marcus Livius Salinator가 "퀸투스 파비우스 막시무스, 자네가 타렌툼을 탈환한 것은 내 덕이네."라고 허풍 떠는 말을 직접 들었다네.[14] 그러자 장군은 웃으면서 이렇게 응수했지. "그렇고말고. 애초에 자네가 타렌툼을 빼앗기지 않았다면, 내가 탈환할 필요도 없었을 테니까."

파비우스는 뛰어난 군인이었을 뿐만 아니라 뛰어난 정치가이기도 했네. 그분이 두 번째 집정관이었을 때, 호민관 가이우스 플라미니우스Gaius Flaminius가 갈리아인들을 몰아내고 획득한 피케눔[15]의 토지를 원로원의 강력한 반대를 무릅쓰고 민중에게 나누어 주려 했네. 이에 동료인 스푸리우스 카르빌리우스Spurius Carvilius는 침묵을 지켰지만, 파비우스는 최선을 다해 플라미니우스에게 맞섰네.[16] 복점관으로 있을 때는 국가에 이익이 되는 일은 모두 길조를 보이고 국가에 해가 되는 것은 모두 흉조를 보인다고 말하기를 서슴지 않았네.[17]

## 12

파비우스 그분에게는 훌륭한 점이 많지만, 내가 직접 본 것 중에는 집정관까지 지냈을 만큼 뛰어났던 아들의 죽음을 견뎌내던 모습만큼 놀라운 것은 없다고 단언할 수 있네. 그분이 아들의 장례식에서 했던 추도사는 누구나 읽어볼 수 있는데 그 추도사 앞에서는 어떤 철학자라도 부끄러움을 느끼지 않을 수 없을 걸세.

하지만 파비우스는 동료 시민들이 지켜보는 공적인 자리에서만 훌륭했던 것이 아니네. 가정에서는 그보다 훨씬 더 훌륭했다네. 대화, 도덕적 조언, 역사 지식, 점에 대한 전문 지식 등 모든 면에서 실로 놀라웠지! 그는 로마인치고는 아주 많은 책을 읽었고 국내에서 벌어진 전쟁만이 아니라 외국에서 일어난 여러 분쟁에 대해서까지 모두 알고 있었네. 당시에 나는 그분이 세상을 떠나면 내게 가르침을 줄 만한 사람이 아무도 없게 되리라는 것을 마치 예견이라도 한 듯이—어쩌다 보니 실제로 그렇게 되었네만—그분의 말씀을 열심히 귀담아들었네.

## 13

내가 파비우스 막시무스에 대해 왜 이토록 많은 이
야기를 했겠는가? 그분이 보낸 것과 같은 노년을 불
행하다고 하는 것이 얼마나 당치도 않은 말인지를 자
네들에게 알려주기 위해서네.

물론 모든 사람이 스키피오나 파비우스처럼 자신
이 정복한 도시, 육지와 바다에서 벌인 전투와 전쟁
그리고 자신이 거둔 승리에 대해 말할 수는 없을 걸
세. 하지만 다른 종류의 노년도 있네. 조용하고 무구
하고 품위 있는 평온한 노년 말일세.

플라톤의 만년이 그러했지. 플라톤은 81세에 세상에
떠날 때까지도 글을 썼다네. 이소크라테스<sup>Isocrates</sup>**18**도
마찬가지네. 그는 『파나테나이쿠스<sup>Panathenaicus</sup>』를 썼
을 때 94세였다고 자기 입으로 말했네. 그러고도 5년
을 더 살았다네! 그의 스승인 레온티니의 고르기아스

Gorgias of Leontini[19]는 107번째 생일을 맞이하고도 연구와 일을 그만두지 않았네. 어떤 사람이 당신은 왜 그렇게 오래 살고 싶어 하느냐고 묻자, 그는 "늙었다고 불평할 이유가 아무것도 없으니까."라고 답했네. 참으로 학자다운 멋진 대답이 아닌가.

## 14

어리석은 자들은 자신의 실수와 부족함을 많은 나이 탓으로 돌린다네. 하지만 앞서 이야기했던 엔니우스는 그렇지 않았어. 그는 노인이 된 자신을 불굴의 의지로 승리를 거둔 뒤 쉬고 있는 경주마에 비유했네.

올림피아 경기의
마지막 바퀴에서 숱하게 승리를 거머쥐었으나
이제는 늙어
쉬고 있는 불굴의 준마처럼.

엔니우스에 대해서는 자네들도 뚜렷이 기억하고 있을 걸세. 그는 현 집정관들인 티투스 플라미니누스와 마니우스 아킬리우스Manius Acilius가 선출되기 불과 19년 전에, 그러니까 카에피오Caepio와 필리푸스Philippus

가 집정관이던 때(필리푸스가 두 번째로 집정관을 맡았을 때)
죽었으니 말일세.

　나는 엔니우스가 죽었을 때 예순다섯 살이었지만
여전히 강한 두 폐와 우렁찬 목소리로 보코니우스 법
을 지지하는 연설을 했다네.[20] 당시 엔니우스는 70세
로 흔히들 인생에서 가장 무겁다고 생각하는 두 가지
짐인 가난과 고령을 겪고 있었네. 하지만 그는 혹시
가난과 고령을 좋아하는 것이 아닐까 하는 생각이 들
정도로 너무도 잘 견뎌냈지.

## 15

사람들이 노년을 몹시 불행하다고 생각하는 이유로 네 가지를 들 수 있네.

첫째, 활동적인 삶에서 멀어진다.
둘째, 육체가 허약해진다.
셋째, 거의 모든 관능적 쾌락이 사라진다.
넷째, 죽음에서 멀리 떨어져 있지 않다.

자네들만 괜찮다면, 이 이유들이 과연 타당한지 지금부터 하나씩 살펴보기로 하겠네.

# 품격 있게 나이 드는 법 II

노년이 되면 활동적인 삶에서 멀어지는가?

◇

　먼저 노년이 우리를 활동적 삶에서 멀어지게 한다
는 주장부터 살펴보기로 하세.

　우선 활동적인 삶이라고 할 때의 활동이 도대체 어
떤 종류의 활동을 말하는 것인가? 젊고 체력이 강할
때 하는 활동을 말하는 것인가? 그런데 나이 들어 육
체가 약해지더라도 그 나이의 정신에 맞는 활동들이
있네. 앞서 이야기했던 퀸투스 막시무스를 생각해보
게. 그분에게 중요한 일이 없었을까? 스키피오, 자네
의 아버지이면서 내 아들의 장인이었던 루키우스 파
울루스Lucius Aemilius Paullus에게는?[21] 그리고 파브리키우
스Gaius Fabricius Luscinus, 쿠리우스Manius Curius Dentatus, 코룬
카니우스Tiberius Coruncanius 같은 노인들은 어떤가?[22] 이
들이 조국을 수호하기 위해 지혜와 영향력을 발휘한
것은 활동이 아니란 말인가?

# 16

아피우스 클라우디우스 카에쿠스$^{Appius\ Claudius\ Cae-}$
$^{cus}$23는 피로스$^{Pyrrhus}$ 왕과의 평화조약을 지지하는 의
원들에 맞서 원로원에서 연설할 때 노령에 눈까지 먼
상태였네. 하지만 그의 말에는 주저함이 없었네. 엔니
우스가 시로 옮긴 그의 말을 들어보게나.


도대체 어떤 광기에 사로잡혔기에
굳고 강했던 여러분의 정신이
길을 잃었던 말입니까?


참으로 감동적인 시구가 아닌가! 물론 자네들도
이 시를 알고 있겠지만, 그렇지 않다 해도 아피우스
가 했던 연설이 그대로 기록되어 남아 있네. 그가
이 연설을 한 것은 두 번째 집정관 직에서 물러나고

17년이나 지난 뒤였네. 게다가 첫 번째 집정관 직에서 물러나고 10년 뒤에 두 번째로 집정관이 된 데다 처음 집정관이 되기 전에 감찰관을 지내기도 했으니, 로마가 피로스와 전쟁을 치를 때는 그가 아주 고령이었다는 것을 알 수 있을 걸세. 적어도 조상들이 남긴 기록으로 보면 그렇다네.

# 17

　노년에는 세상에 도움이 되는 활동을 전혀 할 수 없다고 말하는 사람들은 자신들이 무엇에 관해 이야기하는지조차 모르는 것이라네.

　그들은 마치 다른 선원들은 돛대를 기어오르고 갑판을 뛰어다니고 배에 들어온 물을 퍼내고 있는데 키잡이는 배의 고물에 가만히 앉아 키를 잡고만 있으니 배가 움직이는 데 도움이 되는 일을 전혀 하고 있지 않다고 말하는 자들과도 같네. 키잡이가 젊은 선원들과 같은 일을 하지는 않지만 그가 하는 일은 훨씬 더 중요하고 가치 있네. 위대한 업적은 육체의 힘이나 속도, 민첩함이 아니라 지혜, 인격, 신중한 판단으로 이루어진다네. 그런데 노년에는 이런 것들이 부족하기는커녕 시간이 지날수록 오히려 더 많아진다네.

# 18

나는 일반 사병으로 시작해 장교로, 장군으로, 집정관일 때는 총사령관으로 일생을 보냈네. 하지만 이제는 전쟁에 나가 싸우지 않기 때문에 자네들은 내가 아무 일도 하지 않는다고 생각할지도 모르겠군.

하지만 내가 어떤 나라와 어떻게 전쟁을 치러야 하는지에 대해 말하면, 원로원은 내 말에 경청하네. 요즘에도 나는 앞일을 생각하면서 카르타고와의 전쟁을 계획 중이라네. 나는 카르타고가 멸망했다는 것을 확인하기 전까지는 결코 저 도시에 대한 경계를 거둬들이지 않을 걸세.[24]

## 19

스키피오, 불멸의 신들께서 자네 할아버지[25]가 미완으로 남긴 일[26]을 완수할 영예를 그대에게 남겨 두기를 기원하겠네. 더없이 위대한 그분이 돌아가신 지 33년이 지났지만, 앞으로 해가 갈수록 그분의 명성은 점점 더 높아질 것이네. 그분이 돌아가신 것은 내가 감찰관이 되기 바로 전 해, 그러니까 내가 집정관 직에서 물러나고 9년 뒤의 일이네.

만일 자네 할아버지가 백 살까지 살았다면 노년을 한탄으로 보내셨을까? 결코 그렇지 않았을 걸세. 물론 달리기, 높이 뛰기, 창 던지기, 검술 연습 등에 시간을 보내지는 않았겠지. 그 대신 지혜와 이성과 판단력을 사용했을 걸세. 노인들이 애초에 이런 능력을 가질 수 없다면, 조상들이 나라의 최고 기관의 명칭을 '원로원'[27]이라고 하지는 않았을 걸세.

## 20

스파르타에서도 가장 중요한 직책을 맡은 사람들을 '원로'라고 부른다네. 사실과 정확히 들어맞는 표현이지. 다른 나라들의 역사를 읽거나 들어보면, 가장 위대한 국가가 젊은이들에 의해 전복되었다가 노인들에 의해 되살아났다는 것을 알 수 있을 걸세. 그나이우스 나이비우스Gnaeus Naevius가 『게임The Game』이라는 희곡에서 말했듯 말일세.[28]

말해 보라.
어쩌다 그 큰 나라를 그토록 빨리 잃었는지?

그 희곡의 등장인물들이 내놓은 답변 중에 가장 결정적인 것은 이것이었네.

새로운 연설가들이 나타났기 때문이네, 어리석은 젊은이들 말일세.

무모함은 젊음의 소산이고, 지혜는 노년의 소산일세.

## 21

기억력은 세월이 갈수록 점점 떨어지게 마련이라고 말하는 사람들이 있네. 물론 맞는 말이네. 기억력을 단련하지 않거나 애초부터 그리 명민하지 않다면 말일세. 테미스토클레스Themistocles는 아테네 시민의 이름을 전부 암기했다네. 그런 그가 나이를 먹고 아리스티데스Aristides와 리시마쿠스Lysimachus를 만났을 때 둘을 혼동했을 것이라고 생각하나?[29]

나도 지금 살아 있는 사람들뿐만 아니라 그들의 아버지와 할아버지들까지 기억한다네. 묘비명을 읽으면 기억을 잃는다는 미신이 있지만, 나는 그런 미신이 두렵지 않네. 오히려 묘비명을 읽으면 고인에 대한 기억이 되살아난다네.

나는 돈을 숨긴 곳을 잊었다는 노인의 이야기를 결코 들어본 적이 없네! 노인들은 법정 출두일이 언제

인지, 누가 돈을 빌려갔고 누구에게 돈을 빌렸는지처럼 이해관계가 걸린 일은 잘 기억하네.

## 22

나이가 지긋한 법률가, 사제, 복점관, 철학자들은
어떠한가? 그들은 나이가 많은데도 얼마나 많은 것
을 기억하고 있는가! 계속 열심히 배우고 노력하기만
하면, 노인들도 건전한 정신을 유지할 수 있네. 잘 알
려진 공인들만이 아니라 조용히 자신만의 삶을 사는
사람들도 그렇다네.

소포클레스<sup>Sophocles</sup><sup>30</sup>는 상당한 고령에도 비극들을
썼다네. 그가 집필에 너무 몰두한 나머지 가족의 경
제를 소홀히 하는 것처럼 보이자, 아들들이 노망났다
는 이유로 그를 법정에 세워 금치산자로 만들려 했네
(우리 나라처럼 그리스에도 집안을 잘못 관리하는 가장에게 그런 조
치를 하는 법들이 있었네).

전해지는 바에 따르면, 소포클레스는 이제 막 집필
을 마치고 수정 중이던 『콜로누스의 오이디푸스<sup>Oedipus</sup>

<sup>at Colonus</sup>』를 법정에서 직접 읽은 다음 그것이 노망난 사람의 작품 같냐고 물었다고 하더군. 그리고 그의 낭독을 들은 재판부는 무죄를 선고했다고 하네.

## 23

많은 나이도 소포클레스가 평생 해온 일을 계속
하는 것을 막지 못했네. 호메로스, 헤시오도스, 시모
니데스Simonides, 스테시코루스Stesichorus도 그러했고 피
타고라스Pythagoras, 데모크리토스Democritos, 플라톤, 크
세노크라테스Xenocrates, 그 뒤로 스토아 학파의 제논
Zenon, 클레안테스Cleanthes, 바빌론의 디오게네스Diogenes
of Babylon(자네들이 로마에서 만난 적이 있는) 같은 걸출한 철
학자들은 말할 것도 없고 앞서 언급했던 이소크라테
스와 고르기아스도 마찬가지였네.³¹ 이들 모두 생을
마치는 날까지 열심히 자신들의 일을 계속하지 않았
는가?

# 24

뛰어난 인물들만 그런 것이 아니네. 예를 들어 사비니의 시골에 사는 나이 지긋한 로마 농부들을 보세. 그들은 내 이웃이자 친구인데 씨를 뿌리고 수확하고 거둬들인 것을 저장하는 등의 중요한 농사일을 하느라 거의 들판을 떠나본 적이 없다네.

하지만 그들이 해마다의 수확에 관심을 쏟는 것은 그리 놀랄 일이 아니네. 아무리 늙었어도 자기가 앞으로 1년도 못 살 것이라고 생각하는 사람은 아무도 없으니 말일세. 하지만 그들은 자신이 살아서 결과를 보지 못할 일들도 하고 있다는 것을 잘 알고 있네. 카이킬리우스 스타티우스Caecilius Statius32는 『젊은 동지들Young Comrades』에서 다음과 같이 말했네.

그는 다음 세대가 쓸 나무를 심고 있네.

## 25

늙은 농부 아무나 잡고 누구를 위해 나무를 심고 있느냐고 물으면 항상 다음과 같이 대답한다네. "불멸의 신들을 위해. 신들은 이것을 조상에게서 내게 넘겨주셨으며 내가 이것을 다시 후손에게 넘겨주도록 정해놓으셨다."

카이킬리우스는 미래 세대들을 위해 대비하는 저 늙은 농부에 대해 쓰면서 훨씬 더 놀랄 만한 말도 남겼네.

실로 노년은 족할지니
한 가지 해악만 피할 수 있다면.
오래 살면 보고 싶지 않은 일을
많이 보게 되느니.

하지만 노인은 그만큼 보고 싶은 것도 많이 보지 않겠는가! 그리고 살면서 보지 않았으면 하는 것을 많이 보는 것은 젊은이들도 마찬가지가 아니겠는가.

카이킬리우스가 한 말 중에는 이보다 훨씬 더 잘못된 것도 있네.


늙어서 가장 슬픈 일은
젊은이들에게 성가신 존재로
취급받는 것이라네.

## 26

이는 완전히 잘못된 생각이네! 늙음은 짐이 아니라 즐거움일 수 있네. 현명한 노인들은 품성이 좋은 젊은이들과 어울리는 것을 좋아할 뿐만 아니라 젊은이들에게 존경과 사랑을 받으면서 조금이라도 젊어진 것 같은 느낌도 받는다네.

마찬가지로 젊은이들도 자신들을 유덕한 삶으로 이끌어주는 노인들의 가르침을 좋아하네. 이보게 젊은 친구들, 내가 자네들과 함께 있는 것을 좋아하는 만큼 자네들도 나와 함께 있는 것을 좋아했으면 하네.

이제 늙었다는 것이 결코 허약하고 활력이 없다는 것이 아니라 그동안 해온 일과 별반 다를 바 없는 일을 할 만큼 매우 활동적일 수 있다는 것을 알게 되었으리라 생각하네. 그러니 자네들은 결코 배우는 것을 멈춰서는 안 되네. 솔론Solon[33]이 자신이 쓴 시에서 늙어가면서 날마다 새로운 것을 배우고 있다고 자랑했 듯이 말일세.

　나도 새로운 것을 배웠네. 늙은 나이에 혼자 그리 스어를 공부하기 시작했지. 오랜 갈증에 시달렸던 사 람처럼 나는 그리스어 공부에 매진했네. (내가 지금 자 네들과 이야기하면서 온갖 예들을 들 수 있었던 것도 전부 그 덕분 이네.) 소크라테스가 당시 사람들이 좋아하던 악기인 수금의 연주법을 배운 것도 늦은 나이였다고 하더군. 수금 연주도 배우면 좋겠지만, 그 대신에 나는 열심 히 문학 공부를 한 것이지.

# 품격 있게 나이 드는 법 Ⅲ

육체가 허약해지면 삶도 무너지는가?

## 27

나는 젊었을 때는 황소나 코끼리처럼 강한 힘을 갖기 바랐지만 이제는 그런 젊음의 힘—노년을 불행하다고 생각하는 두 번째 이유—을 원하지 않네. 사람은 자신이 가진 힘을 나이에 맞게 사용하면 되네. 크로톤의 밀로<sup>Milo of Croton</sup>[34] 이야기보다 더 한심한 이야기는 없을 걸세.

어느 날 경주장에서 젊은 운동선수들이 훈련하는 모습을 지켜보던 밀로는 자신의 팔다리를 내려다보고는 "내 팔다리는 이제 죽었구나."라며 눈물을 흘렸다고 하네. 한심한 사람 같으니! 그대의 팔다리가 죽었다 한들 그대만큼 죽지는 않았을 걸세. 그대의 명성은 양 허리와 팔의 힘에서 왔을 뿐 그대 자신에게서 비롯되지는 않았느니.

섹스투스 아엘리우스 파에투스<sup>Sextus Aelius Paetus</sup>는 그

렇지 않았네. 그보다 앞서 살았던 티베리우스 코룬카니우스 Tiberius Coruncanius 도, 비교적 최근 인물인 푸블리우스 리시니우스 크라수스 Publius Licinius Crassus 도 마찬가지였네.[35] 이들은 시민들에게 법에 대해 알려주었고 마지막 숨을 거둘 때까지도 유능한 법률가로 활동했네.

# 28

안타까운 일이지만, 많은 사람 앞에 서는 연설가는 늙어갈수록 사람들을 설득하는 능력 중 일부를 잃게 된다네. 그것은 연설이라는 것이 지성뿐 아니라 폐와 체력에도 달려 있기 때문일세. 하지만 흐르는 세월은 목소리를 더 밝고 듣기 좋게 만들고는 하지. 내 나이가 몇인지는 자네들도 알고 있을 텐데, 나는 아직까지 그런 목소리를 유지하고 있네.

노년에는 조용하고 차분하게 말하는 것이 좋네. 노인의 침착하고 우아한 목소리는 대개 사람들의 경청을 이끌어내곤 하지. 설혹 나이가 들어 더는 연설을 잘할 수 없다고 해도, 여전히 자네 같은 젊은이들에게 가르침을 줄 수는 있지 않겠는가!

　열의에 찬 젊은이들에게 둘러싸여 있는 노년만큼 즐거운 일이 어디 있겠는가? 노인이라고 해도 젊은 이들에게 가르침을 주고 인생의 많은 의무들에 대비 하게 해주는 데 필요한 체력 정도는 갖고 있을 테니 말일세. 젊은이들을 가르치는 것보다 더 명예로운 일 이 무엇이 있겠는가? 스키피오, 자네의 조부들인 루 시우스 아이밀리우스 파울루스<sup>Lucius Aemilius Paullus</sup>와 푸 블리우스 코르넬리우스 스키피오 아프리카누스<sup>Publius Cornelius Scipio Africanus</sup>도 그렇고 그나에우스 코르넬리우 스 스키피오 칼부스<sup>Gnaeus Cornelius Scipio Calvus</sup>와 푸블리우 스 코르넬리우스 스키피오<sup>Publius Cornelius Scipio</sup>도 언제나 고귀한 젊은이들과 함께해서 매우 즐거운 듯이 보였 다네.[36]

　교양을 가르치는 사람은 비록 나이가 들어 몸이 쇠

약해지더라도 불행하다고 볼 수 없네. 체력이 떨어진 것은 늙은 탓이라기보다는 젊은 시절에 방탕한 삶을 보낸 탓인 경우가 더 많네. 젊은 시절의 방탕은 노년에게 허약한 몸을 넘겨주는 법이네.

크세노폰<sup>Xenophon</sup>에 따르면, 키루스 대왕<sup>Cyrus the Great</sup>
은 임종할 때 자신은 젊었을 때보다 체력이 떨어진다
고 느낀 적이 한 번도 없었다고 말했다고 하네.[37] 또
한 나는 어렸을 때 루시우스 카에실리우스 메텔루스
<sup>Lucius Caecilius Metellus</sup>를 본 적이 있는데, 그분은 두 번째
집정관 직에서 물러나고 4년 뒤에 대제사장이 되어
22년 동안 그 자리에 있었네.[38] 생의 말년에 이르렀을
때 아주 고령이었는데도 전혀 젊음을 잃지 않은 듯이
활력이 넘쳤네.

　나 같은 노인들은 자기 이야기하는 것을 좋아하고
그렇게 해도 사람들이 그러려니 하지만, 굳이 내 이
야기까지 하지는 않겠네.

자네들은 호메로스의 시에서 네스토르Nestor가 얼마나 자주 자신의 출중한 자질들에 대해 말하는지 알고 있나?[39] 당시까지 네스토르는 3세대의 사람들을 만날 만큼 오래 살았지만, 자신에 대한 진실을 말할 때 지나치게 말이 많거나 잘난 척하는 듯이 보일지를 두려워하지 않았네.

그 이유는 호메로스가 말하고 있듯이, "그의 혀에서는 꿀보다 달콤한 말들이 흘러나왔기" 때문이네.[40] 그런 달콤함은 결코 강한 체력에서 나온 것이 아니었네. 그리스군의 총사령관 아가멤논이 원한 것은 아이아스Ajax 같은 열 명이 아니라 네스토르 같은 열 명이었네.[41] 아가멤논은 만일 네스토르 같은 사람이 열 명만 있다면 당장이라도 트로이를 함락할 수 있다고 믿었지.

나는 지금 84세이고 나도 저 키루스처럼 이야기할
수 있으면 좋을 걸세. 하지만 그처럼은 아니어도 이
정도는 말할 수 있네. 나는 이제 젊은 병사로 포에니
전쟁에 참전했을 때 혹은 같은 전쟁에 재무관으로 출
전했을 때 혹은 스페인에서 집정관 겸 장군으로 있었
을 때 혹은 4년 뒤 마니우스 아실리우스 글라브리오
Manius Acilius Glabrio 집정관 밑에서 천부장으로 테르모필
레 전투에 참전했을 때 같은 체력은 갖고 있지 않네.[42]

그러나 자네들도 보다시피 늙음은 나를 무기력하
게 만들지도, 나를 무너뜨리지도 못했네. 원로원도,
민회도, 친구들도, 동료들도, 손님들도 내 체력을 의
심하지 않네. 사람들은 오래 살고 싶으면 일찌감치
노인이 되라는 옛 속담을 즐겨 입에 올리지만, 나는
그 속담을 믿지 않네. 오히려 나는 일찌감치 노인이

되기보다는 노인으로 있는 시간이 짧기를 바라네. 그래서 나는 나를 보고 싶어 하는 사람과의 만남을 거절해본 적이 한 번도 없다네.

# 33

사실 나는 자네 둘만큼의 체력을 갖고 있지 않
네. 하지만 자네들도 백인대장 티투스 폰티우스[Titus Pontius 43] 같은 체력을 갖고 있는 것은 아니지. 그렇다
고 해서 그가 자네들보다 더 나은 사람인가? 각자 자
신이 가진 힘을 적절히 사용하고 또 잘 사용하려고
노력하면 되네. 이렇게만 한다면, 자신이 체력이 부족
하다는 생각을 하지 않을 걸세.

밀로는 황소를 어깨에 들쳐 메고 올림피아 경기장
을 걸어갔다고들 하네. 하지만 자네들은 밀로가 가
진 육체의 힘과 피타고라스가 가진 정신의 힘 중 어
느 것을 갖고 싶은가? 간단히 말하겠네. 지금 자네들
이 갖고 있는 건강한 신체라는 축복을 즐기게. 하지
만 그게 사라질 때 슬퍼하지 말게. 청년이 소년 시절
이 끝난 것을 슬퍼하지 않고 중년이 청년이 다했음을

슬퍼하지 않듯이 말일세.

삶의 길은 정해져 있네. 자연의 길은 하나뿐이고 자네들은 그 길을 오직 한 번만 갈 수 있네. 인생의 단계마다 그에 따른 특성들이 있네. 아이 때는 약함이, 청년일 때는 대담함이, 중년에는 진지함이, 노년에는 원숙함이 있네. 이것들은 제철에 수확해야 하는 과일 같은 것이네.

## 34

스키피오, 자네는 할아버지의 친구인 마시니사 Masinissa[44]의 소식을 가끔 듣고 있을 거라 생각하네. 마시니사는 올해 90세네. 그런데도 그는 일단 걸어서 길을 가기 시작하면 결코 말을 타는 법이 없고 말을 타고 가기 시작하면 결코 말에서 내리는 법이 없네. 비가 오고 추워도 모자를 쓰지 않네. 지금도 왕으로서 해야 할 일들을 직접 다할 만큼 건강하다네. 이렇듯 끊임없이 자신을 단련하고 절제하면 늙어서도 젊을 때의 활력을 어느 정도 유지할 수 있다네.

많은 나이가 우리를 허약하게 만든다고 치세. 그게 문제가 되는가? 노인에게 강한 체력을 기대하는 사람은 아무도 없네. 그렇기 때문에 내 나이 또래의 사람들은 법과 관습에 따라 강한 신체가 필요한 공적인 의무들에서 면제가 되는 것이라네. 그렇지만 사람들은 우리 노인들에게 할 수 없는 일은 물론이고 할 수 있는 일조차 기대하지 않는다네.

## 35

물론 건강이 나빠서 통상적인 공적 의무라든가 심지어 일상생활에 필요한 일조차 할 수 없는 노인들이 많은 것은 사실이네. 하지만 그런 일들을 할 수 없는 것은 늙었기 때문이 아니네. 건강이 나쁜 사람은 누구건 간에 그런 일을 할 수 없네.

스키피오, 푸블리우스 아프리카누스의 아들인 자네 양아버지를 생각해보게.[45] 그는 몸이 건강하지 못했네. 아니 건강이라고 할 만한 것이 전혀 없었다고 하는 것이 더 정확할 것이네. 그렇지만 않았더라면, 그는 우리 나라를 빛내는 제2의 찬란한 빛이 되었을 것이네. 그는 자기 아버지의 용기에다 더 풍부한 학식까지 갖추고 있었으니까 말일세. 이렇듯 젊은이조차 신체의 허약함을 피할 수 없는데, 신체적으로 약한 노인들이 있는 것이 뭐 그리 놀랄 일이겠는가?

친애하는 라엘리우스와 스키피오, 우리는 노년에 맞서 싸워야 하네. 마치 질병을 대하듯이 노년의 문제들을 보완하는 데 항상 신경을 쓰고 그 결점에 주의를 기울여야 하네.

## 36

그러자면 건강한 생활 계획을 따라야 하네. 적절하게 운동하고, 과하지 않게 몸을 회복할 정도로만 먹고마셔야 하네. 몸에도 신경을 써야 하지만, 정신에는훨씬 더 신경을 써야 하네. 정신은 등잔처럼 기름을다시 채워 넣지 않으면 시간이 가면서 흐릿해지기 때문이네. 신체는 단련하다 보면 지칠 수도 있지만, 정신은 단련할수록 더 예리해진다네.

극작가 카이킬리우스가 말하는 "희극에 등장하는늙은 바보들"이란 쉽게 속고 잘 잊어버리고 움직임이둔한 사람들을 가리키지만, 사실 모든 노인이 그런것은 아니네. 그것은 머리를 쓰지도 않고 몸 움직이기도 싫어하는 노인들에게나 해당하는 이야기라네.

방종과 욕정은 노인보다 젊은이에게서 더 흔히 볼수 있지만, 그렇다고 해서 모든 젊은이가 그런 것은 아니지 않은가. 품성이 안 좋은 젊은이나 그런 것이지. 마찬가지로 우리가 '노망'이라고 부르는 것도 모든 노인이 아니라 정신과 의지가 약한 노인들에게서만 볼 수 있는 것일세.

## 37

아피우스 클라우디우스 카에쿠스<sup>Appius Claudius Caecus</sup>
는 많은 나이에 눈까지 멀었는데도 혈기 왕성한 아들
넷에 딸 다섯 그리고 많은 노예와 식솔들로 이루어진
가문을 이끌었네. 손 놓고 늙은 나이에 굴복하지 않
고 활처럼 팽팽하게 정신을 유지했네.

그는 가문을 이끌었다기보다는 사실상 통치했다
고 할 수 있네. 노예들은 그를 두려워했고, 자식들은
그를 존경했으며, 모두가 그를 받들었네. 그의 집에는
그의 조상들의 전통과 규율이 생생히 살아 있었다네.

# 38

노년은 스스로를 보호하고 자기 권리를 지키고 누구에게도 굴복하지 않고 마지막 숨을 거둘 때까지 자기 영역을 지배할 경우에만 존중받는다네. 나는 노인 같은 데가 있는 젊은이를 좋게 보네. 마찬가지로 젊은 감각을 유지하고 있는 노인에게 응원의 박수를 보낸다네. 그런 사람은 육체는 늙어도 정신은 결코 늙지 않는다네.

나는 지금 『기원Origins』[46]의 제7권을 쓰기 위해 우리의 초창기 역사에 대한 모든 기록을 모으는 중이네. 내가 유명한 재판들에서 펼쳤던 변론도 다듬고 있네. 또한 복점관과 제사장과 시민들에 관한 법들도 연구하고 많은 시간을 그리스 문학을 공부하는 데 쏟고 있네. 그리고 기억력을 훈련하기 위해 피타고라스 학파에서 한 것처럼 하루 동안 내가 말하고 들은 것들을 매일 저녁에 되돌아본다네. 이것들은 모두 내가 정신을 훈련하는 방법이라네. 이런 훈련에 매진하는 것이 힘들기는 하지만, 그렇다고 과거의 강한 체력을 대단히 그리워하지는 않네. 또한 친구들에게 법적 조언을 해주고 원로원 회의에 자주 참석해 논의 주제들을 제안한다든가 여러 가지 문제들에 대해 오랫동안 숙고한 뒤에 내 의견을 펼쳐보이기도 한다네.

내가 이 모든 것을 하는 원동력은 정신의 힘이네. 물론 이 일들을 하기에는 힘에 부칠 수도 있고 시간이 부족할 수도 있을 걸세. 그렇더라도 긴 의자에 누워서 더는 할 수 없게 된 그 일들에 대해 생각은 할 수 있지 않겠나. 내가 그 일들을 할 수 있는 것은 그동안 그런 종류의 일을 계속해왔기 때문이네. 평생을 공부하고 열심히 활동한 사람은 노년이 다가오는 것을 의식하지 못한다네. 어느 날 갑자기 노년에 굴복하는 것이 아니라 오랜 시간에 걸쳐 힘 들이지 않고 서서히 인생의 말년으로 들어가는 것이지.

# 품격 있게 나이 드는 법 IV

관능적 쾌락이 사라진 삶은 무의미한가?

## 39

이제 노년을 불행하다고 보는 세 번째 주장에 대해
이야기할 때가 되었군. 늙으면 관능적 쾌락이 사라진
다는 것은 맞는 말이네. 하지만 우리를 젊은 시절의
가장 치명적인 약점에서 벗어나게 해주는 셈이기도
하지. 이것이야말로 세월이 우리에게 주는 가장 멋진
선물이라네.

나의 가장 고귀한 젊은 친구들이여, 저 옛날 뛰어
난 업적을 남긴 바 있는 타렌툼의 아르키타스Archytas
라는 출중한 인물이 있었다네.[47] 젊은 시절 퀸투스 막
시무스와 함께 타렌툼에서 병사로 근무할 때 나는 사
람들로부터 아르키타스가 했다는 말을 귀에 못이 박
이도록 들었다네. 아르키타스가 했다는 말을 내가 들
은 대로 이야기할 테니 한번 들어보게.

"자연이 인간에게 내린 가장 치명적인 저주는 성

욕이다. 그리고 이로부터 쾌락의 충족을 요구하는 무분별하고 걷잡을 수 없는 강렬한 욕망들이 나온다.

# 40

적과의 내통, 조국에 대한 배신, 국가의 전복 등은 모두 궁극적으로 성욕에서 비롯된 것이다. 악행이든 비양심적인 짓이든 간에, 강렬한 성적 욕망에 사로잡힌 사람이 못 할 일은 없다. 통제 불가능한 성적 욕망은 사람을 강간이나 간통을 비롯한 온갖 성적 폭력행위를 하게 만든다.

자연—혹은 어떤 신—은 인간에게 이성이라는 최고의 선물을 주었고, 이성의 최대 적은 적나라한 정욕이다.

## 41

강렬한 정욕이 지배하는 곳에는 자제력이 있을 자리가 없다. 그리고 육체적 쾌락을 탐하는 왕국에는 옳은 행동이 있을 자리가 없다."

자기 말의 의미를 더 분명히 하기 위해 아르키타스는 계속해서 다음과 같이 이야기했다고 하네.

"즐길 수 있는 한 최대의 관능적 쾌락을 즐기고 있는 사람을 상상해보라. 그런 상태에 있는 사람이 이성적이거나 합리적으로 이성을 사용할 수 있을 것이라고 생각할 사람은 아무도 없다. 그러므로 관능적 쾌락만큼 혐오스럽고 해로운 것은 없다. 관능적 쾌락을 너무 많이 너무 오래 탐닉하는 사람의 영혼은 완전한 어둠 속으로 추락한다."

타렌툼에서 나를 빈객으로 맞이해줬던 로마의 변함 없는 친구 네아르코스<sup>Nearchus</sup>는 이 말이 원래 아르키타스가 삼니움의 지도자 가이우스 폰티우스<sup>Gaius Pontius</sup>에게 했던 말이라는 이야기가 전해진다고 내게 말해줬네. 카우디네 협곡 전투[48]에서 두 집정관 스푸리우스 포스투미우스<sup>Spurius Postumius</sup>와 티투스 베투리우스<sup>Titus Veturius</sup>에게 참패를 안겨줬던 사람의 아버지인 폰티우스 말일세.

네아르코스는 아르키타스가 이 말을 하는 자리에 아테네 사람인 플라톤도 있었다고 말했네. 확인해봤더니, 루시우스 카밀루스<sup>Lucius Camillus</sup>와 아피우스 클라우디우스가 집정관일 때 정말로 플라톤이 타렌툼에 온 적이 있더군.[49]

## 42

내가 왜 자네들에게 아키타스의 말을 들려줬다고
생각하는가? 관능적 쾌락이 이성과 지혜로 물리치기
힘든 것이라면, 해서는 안 될 행동을 하고자 하는 강
렬한 욕망을 가져가버리는 늙음에 감사해야 한다는
것을 알려주기 위해서네. 그러한 감정들은 판단력을
흐리게 하고 이성과 갈등을 빚는다네. 정신의 눈을 가
리고 좋은 삶을 살 여지를 주지 않는다고 할 수 있네.

나는 내 직분 때문에 어쩔 수 없이 어떤 사람을 원
로원에서 제명한 적이 있었네.[50] 그 사람은 저 훌륭하
기 이를 데 없는 티투스 플라미니누스의 동생으로,
제명 처분을 받기 7년 전에 집정관을 지냈던 루시우
스 플라미니누스Lucius Flamininus였네. 나는 그의 잘못된
정욕은 제명 처분을 내리기에 충분하다고 생각했네.
왜냐하면 그가 갈리아의 집정관으로 있을 때 연회에

참석한 창녀의 부탁을 받고 그 자리에서 중죄로 수감되어 있던 사람을 처형한 일이 있었기 때문이네.

그는 형이 감찰관으로 있는 동안에는 처벌을 받지 않았다네. 하지만 그의 형이 물러나고 바로 뒤이어 감찰관이 된 루시우스 발레리우스 플라쿠스^Lucius Valerius Flaccus와 나는 저 극악스럽기 이를 데 없는 저열한 정욕을 그냥 내버려둘 수 없었네. 특히 그가 한 명의 민간인을 상대로 저지른 범죄는 로마의 명예를 더럽히는 수치스러운 일이었기 때문이네.

# 43

내가 나이 많은 분들께 종종 들었던 이야기가 있네. 그분들도 젊었을 때 나이 많은 분들께 그 이야기를 들었다고 하더군. 그 이야기에 따르면, 가이우스 파브리시우스Gaius Fabricius가 로마의 사절로 피루스 왕을 찾아갔을 때 테살리아의 키네아스Cineas of Thessaly가 한 말을 듣고 깜짝 놀랐다고 하네.[51]

키네아스는 현자를 자처하면서 모든 행위는 얼마나 많은 쾌락을 제공하느냐에 따라 판단해야 한다고 주장하는 아테네 사람[52]이 있다고 말했다더군. 파브리시우스에게 이 말을 전해 들은 마니우스 쿠리우스Manius Curius와 티베리우스 코룬카니우스는 쾌락에 빠진 자들은 정복하기 쉬우니 삼니움 사람들과 피루스가 그 아테네인의 가르침을 받아들이기를 바란다고 말했다더군.

마니우스 쿠리우스의 훌륭한 친구였던 푸블리우스 데시우스 무스Publius Decius Mus는 쿠리우스가 집정관이 되기 5년 전 네 번째로 집정관으로 있을 때 조국을 위해 목숨을 바쳤다네.[53] 가이우스 파브리시우스와 티베리우스 코룬카니우스도 그에 대해 잘 알고 있었네.

그들은 자신들의 삶과 데시우스의 최후가 보여주듯이 삶에는 본질적으로 훌륭하고 고귀하고 그 자체로 추구해야 할 목적들이 있다고 확신했네. 그들은 인간다운 사람이라면 누구나 이런 목적을 추구해야 하고 관능적 쾌락에 대한 탐닉을 혐오하고 거부해야 한다고 생각했네.

## 44

내가 왜 이렇게 쾌락에 대해 많은 이야기를 하고 있는지 아는가? 관능적 쾌락에 대한 욕망을 거의 느끼지 못한다고 해서 노년을 부정적으로 볼 이유가 없고 그것은 오히려 노년을 찬미할 이유가 되기 때문이라네. 노년이 되면 사치스러운 연회도, 음식이 가득 차려진 식탁도, 항상 술이 가득 채워져 있는 술잔도 없을뿐더러 술에 취하거나 소화가 안 되거나 밤에 잠을 못 자거나 하는 일도 없다네!

하지만 쾌락의 유혹—인간이 물고기처럼 그 유혹의 그물에 걸린다는 의미에서 플라톤이 "악의 미끼"라고 부른[54]—에 저항하기 힘들어 양보를 해야 한다면, 지나친 진수성찬이 아니더라도 적절한 수준의 식사를 할 수 있는 기쁨 정도는 노년에도 괜찮을 거라고 보네.

마르쿠스의 아들인 가이우스 두일리우스<sup>Gaius Duilius</sup>는 해전에서 카르타고 군에게 최초로 승리를 거둔 인물인데, 어린 시절에 나는 노인이 된 그가 향연을 마치고 집으로 돌아가는 모습을 자주 보았다네.[55] 그 길에는 횃불을 든 사람들과 플루트 연주자가 항상 동행했다네. 일반 시민이 그런 식으로 행동하는 것은 전례 없는 일이었지만, 그의 위대한 명성 덕분에 그런 행동이 허용되었지.

## 45

이제 다른 사람들 이야기는 그만하고 내 이야기를 하도록 하겠네.

우선 내게는 늘 만나는 동료들 모임이 있네. 내가 재무관으로 있을 때 이다$^{Ida}$ 신들과 그들의 모신母神 인 키벨레$^{Cybele}$ [56]를 받드는 모임들이 로마에 생겨났 다네. 나는 모임의 동료들과 정기적으로 검소한 만찬 을 함께했네. 물론 당시에는 나이가 나이인 만큼 어 느 정도 젊음의 열기가 있었지. 하지만 그런 열기는 시간이 가면서 식어가는 법이네. 어쨌건 그때도 내가 좋아한 것은 미식의 즐거움보다는 친구들과 만나 대 화를 나누는 데서 오는 기쁨이었다네.

우리 조상들은 친구들과의 식사를 가리켜 '콘비비 움$^{convivium}$'(함께 살기)이라고 불렀지. 친교 모임의 본질 을 잘 표현하는 단어이기 때문일세. 우리말 '콘비비

움'은 헬라어의 '신포지온<sup>synposion</sup>'(함께 마시기)이나 '신데이프논<sup>syndeipnon</sup>'(함께 먹기)보다 친교의 경험을 훨씬 더 잘 담고 있다네. 저 헬라어 단어들은 친교 모임에서 가장 소중한 것보다 가장 덜 중요한 것을 강조하기 때문일세.

## 46

개인적으로 나는 대화를 몹시 좋아하기 때문에 낮부터 시작하는 만찬도 좋아한다네. 이 모임들에서 나는 내 동년배들—살아 있는 사람이 얼마 없네—과도 이야기를 하지만 자네들 같은 젊은 친구들과도 이야기를 나누지.

나는 대화의 즐거움은 늘려주고 먹고 마시는 것에 대한 욕구는 줄여준 노년에 매우 감사하네. 물론 내 오랜 친구들 가운데 먹고 마시는 것을 좋아하는 사람이 있을 수도 있지만, 노인이라고 해서 그러면 안 될 이유가 어디 있단 말인가? 나는 자연이 우리에게 얼마간의 쾌락은 허용한다고 생각하네. 그러니 내가 쾌락과의 전쟁을 선포했다고 생각하지는 않기를 바라네.

나는 친교 모임에서 연회의 좌장을 임명하고 술이 들어오면 식탁 머리 쪽에서부터 대화를 시작하는 우리의 전통적인 관습을 대단히 중요하게 생각하네. 또한 크세노폰의 『향연Symposium』에서 묘사되고 있듯이 여름에는 시원하고 겨울에는 햇빛이나 불로 따뜻해진 이슬 같은 술로 가득 채워진 작은 술잔들도 좋아하네.[57]

사비니의 시골에서 지내는 지금도 그런 모임들에 자주 참석해 이웃들과 식사하면서 시간이 허락하는 한 늦은 밤까지 온갖 것에 관해 이야기를 나눈다네.

물론 노인들은 젊은 사람들만큼 관능적 쾌락을 누리지는 못한다고 지적하는 사람도 있을 걸세. 틀린 말은 아니지만, 사실 노인들은 그런 것을 바라지도 않는다네. 바라지도 않는 것이 사람을 힘들게 만들 수는 없네. 소포클레스는 아직도 성생활을 즐기고 있느냐는 질문에 다음과 같이 멋지게 답했네.

"무슨 말씀을. 그 끔찍하고 난폭한 주인에게서 벗어나서 기쁘다오."[58]

관능적 쾌락을 누리지 못하는 것은 그것을 욕망하는 사람들에게는 괴롭고 짜증 나는 일일 걸세. 하지만 충분한 성생활을 해서 이미 모든 관능적 쾌락을 맛본 뒤라면, 그런 욕망이 있는 것보다는 없는 편이 낫다네. 욕망이 없으면 잃을 일도 없네. 그것이 바로 내가 욕망의 부재를 매우 좋은 것이라고 말하는 이유라네.

## 48

젊은이가 늙은이보다 육체적 쾌락을 더 누리는 것
은 사실이지만, 두 가지만은 분명히 이야기해야겠네.

첫째, 앞서 말했듯이 이런 종류의 쾌락은 거의 중
요하지 않네. 둘째, 젊은이만큼 많이는 아니지만 노인
도 이런 쾌락을 어느 정도는 즐길 수 있다네. 극장의
앞줄에 있는 사람만큼은 아니지만 뒷줄에 있는 사람
도 암비비우스 투르피오Ambivius Turpio의 연극을 즐길 수
있는 것처럼 말이네.[59]

마찬가지로 젊은이가 노인보다 성생활의 즐거움
을 더 누리겠지만, 노인도 그 같은 쾌락을 멀리서나
마 충분히 즐길 수 있다네.

# 49

영혼이 육욕, 야망, 갈등, 언쟁 같은 수많은 열정과의 전투를 끝내고 돌아와 자기 안에서 살 수 있다는 것은 정말로 멋진 일이 아닐 수 없네. 지식과 배움에 몰두하는 여유로운 노년만큼 인생에서 만족스러운 시기는 없네.

스키피오, 나는 자네 부친의 친구인 가이우스 갈루스Gaius Gallus가 하늘과 땅을 관측하는 모습을 자주 보았네. 그는 전날 밤에 지도 그리는 일을 시작했다가 다음 날 아침 해를 보고 놀란 적이 한두 번이 아니었네. 또 동틀 무렵에 시작한 일을 하다 갑자기 밤이 된 것을 깨닫고 놀란 적도 한두 번이 아니었네. 아직 일어나지도 않은 일식과 월식이 언제 일어날 것이라고 우리에게 말하면서 어찌나 즐거워하던지!

이만큼은 아니지만 그에 못지않게 많은 시간과 노력이 드는 일을 한 사람들도 잊어서는 안 되네.

플라우투스Plautus60는 『야만인The Savage』과 『사기꾼The Cheat』을 쓰면서, 나이비우스는 『포에니 전쟁 Punic War』을 쓰면서 정말로 즐거워했다네. 나는 리비우스 안드로니쿠스Livius Andronicus61가 노인일 때 그를 직접 본 적이 있네. 그는 내가 태어나기 6년 전, 그러니까 가이우스 클라우디우스 센토Gaius Claudius Cento 와 마르쿠스 셈프로니우스 투디타누스Marcus Sempronius Tuditanus62가 집정관이던 때 희곡을 발표했는데 내가 청년일 때도 살아 있었다네.

종교법과 시민법에 적극적으로 나섰던 푸블리우스 리시니우스 크라수스Publius Licinius Crassus나 몇 년 전 대제사장으로 선출된 푸블리우스 스키피오Publius Scipio

에 대해서는 말이 필요 없을 걸세.[63] 나는 이 사람들이 모두 늙어서도 자신의 소명에 헌신하는 것을 보았네. 엔니우스가 "설득의 명수"라고 부른 마르쿠스 케데구스Marcus Cethegus[64]도 빼놓을 수 없을 걸세. 나는 노령의 케데구스가 열정적으로 연설하는 모습을 직접 보았다네.

연회나 놀이, 유곽에서 얻는 쾌락을 이들이 얻은 쾌락에 비할 수 있겠는가? 그들은 배움의 열정을 갖고 있었네. 분별 있고 교양 있는 사람들의 경우에 세월이 갈수록 커져가는 열정 말일세. 앞서 인용했던 솔론의 시에는 진실이 담겨 있다네. 솔론은 늘어갈수록 날마다 점점 더 많은 것을 배운다고 하지 않았는가. 참으로 정신의 쾌락보다 더 큰 쾌락은 있을 수 없다네.

# 품격 있게 나이 드는 법 V

노년의 가장 큰 즐거움은 무엇인가?

## 51

이제 내가 개인적으로 몹시 좋아하는 농사일에 대해 말해보겠네. 기르는 일의 즐거움은 노년에도 줄어들지 않네. 나는 그것이야말로 현명한 사람의 삶에 아주 적합하다고 생각한다네. 땅을 경작하는 기쁨은 은행 계좌와도 같네. 인출을 거부하는 법도 없고 항상 원금에 이자를 붙여 되돌려주니까 말일세. 물론 이자가 조금뿐일 때도 있고 많은 때도 있기는 하네.

땅의 결실들만이 내게 기쁨을 주는 것은 아니네. 대지 자체의 힘과 본성도 내게 기쁨을 주네. 대지는 받아들여질 준비가 된 부드러운 자궁에 뿌려진 씨앗들을 받아들이고, 씨앗들은 얼마 동안 흙 속에 숨은 상태로 있네. '숨은'을 뜻하는 라틴어 오카에카툼 occaecatum은 '써레질'을 뜻하는 오카티오 occatio에서 나온 말이지.[65]

그 후 씨앗은 자신이 품고 있는 촉촉한 열기에 의해 점차 커지다가 초록색 싹을 틔우네. 그런 다음 수염뿌리의 도움으로 점점 자라다가 마침내 마디가 있는 줄기로 곧추선다네. 잎집에 싸인 상태로 청소년기에 이르면, 드디어 잎들이 무성해지고 가지런히 줄지어 낟알들이 열리고 작은 새들이 쪼아먹지 못하게 까끄라기가 울타리를 친다네.

# 52


포도나무의 재배와 성장에 대해서는 이야기하지 않겠네. 하지만 포도나무를 기르는 것이 늘그막의 내게 활력을 안겨주는 즐거운 일이라는 것만은 이야기하지 않을 수 없네. 그 일은 아무리 해도 질리지 않네.

자네들에게 작은 무화과 씨앗이나 포도씨 혹은 과일이나 식물의 작디작은 씨앗들에서 튼실한 줄기와 가지들을 나오게 만드는, 땅에서 자라나는 모든 것이 본디 갖고 있는 힘에 대해 일일이 이야기하지는 않겠네. 그저 꺾꽂이 순 심기, 가지꽂이, 가지치기, 발아만이라도 한번 생각해보게. 정말 감탄을 금치 못할 일이 아닌가?

포도나무는 그냥 두면 땅으로 늘어지게 마련이지. 하지만 포도나무를 받쳐주면 덩굴손이 하늘 쪽으로 뻗어 올라간다네. 그러다 포도나무가 구불구불 사방

으로 뻗어나가면 너무 무성해지지 않게 농부가 전지
용 칼로 잘라주네.

# 53

봄이 오면서 포도나무에 남은 가지들에는 마디마다 싹이 돋고, 이 싹들이 자라 포도가 된다네. 포도는 처음에는 쓰지만 주변의 잎들이 울타리가 되어서 적당한 온기를 유지해주고 타는 듯한 햇볕을 막아주는 가운데 대지의 수분과 태양의 열기를 받아 곧 달콤하게 익어가지. 포도만큼 먹음직스럽고 보기에 좋은 것이 또 있겠는가?

앞에서 말했듯이 포도의 유용함만이 내게 기쁨을 주는 것은 아니네. 포도의 재배와 본성 자체도 기쁨을 주네. 열을 맞춰 세워진 말뚝, 포도 가지의 꼭지가 묶여 있는 격자 시렁, 덩굴 방향 유인줄, 다른 가지들의 성장을 돕기 위한 가지치기 등을 생각해보게.

이 자리에서 물주기, 물길 내기, 토양을 비옥하게 만들기 위해 괭이로 땅 파기 등에 대해서까지 이야기할 필요는 없을 걸세. 비료의 효용도 마찬가질세. 이런 것들에 대해서는 내가 쓴 농업에 관한 책에 다 나와 있다네.[66]

농사에 관한 책[67]을 쓴 박학다식한 헤시오도스 Hesiodos도 비료에 대해서는 이야기하지 않고 있더군. 하지만 헤시오도스보다 몇 세대나 앞서 살았던 호메로스는 오디세우스의 아버지 라에르테스가 아들이 집에 없어 울적한 심정을 땅을 경작하고 비료를 주는 일로 달랬다고 말하고 있네.[68]

농부도 자신이 가꾸는 들판, 초원, 포도밭, 숲, 정원, 과수원, 소 목장, 꿀벌떼, 온갖 종류의 꽃들에서 기쁨을 느낀다네. 뭔가를 땅에 심는 것은 즐거운 일이라네. 접붙이기도 빼놓을 수 없지. 접붙이기야말로 정말 신기하기 이를 데 없는 농사 기술이라네.

농사의 즐거움에 대해서는 얼마든지 이야기할 수 있네. 물론 지금까지도 많이 이야기했지만 말일세. 하지만 내가 농사 이야기를 더 하더라도 부디 용서하게. 소박한 삶에 대한 열정 때문에 나로 모르게 자꾸 이야기가 그쪽으로 흐르는 것이니 말일세. 더욱이 늙으면 원래 말이 많아지는 법이지. 그러니 내 행동에 대해 이러니저러니 변명하지 않겠네.

마니우스 쿠리우스는 삼니움 족, 사비니 족 그리고 피루스 왕과의 전투에서 승리한 뒤 여생을 농사를 지으며 보냈다고 전해지네. 그분이 살았던 시골집은 내 집에서 그리 멀지 않은 곳에 있는데, 그 집을 보면 그분의 검소한 생활과 그분이 살았던 시대의 절제된 정신에 감탄하지 않을 수 없다네.

마니우스 쿠리우스가 화롯가에 앉아 있는데 삼니
움 사람들이 커다란 황금을 선물로 가져온 적이 있
었네. 그는 선물을 거절하면서 황금을 갖는 것보다는
황금을 가진 사람들을 통치하는 것이 더 명예로운 일
이라고 생각한다고 말했다네. 그처럼 위대한 영혼을
가진 사람은 틀림없이 노년에서 많은 행복을 찾아냈
을 것이네.

이야기가 주제에서 벗어난 것 같으니, 다시 농부들
이야기로 돌아가도록 하겠네. 루시우스 퀸크티우스
신시나투스Lucius Quinctius Cincinnatus가 독재관을 맡으라는
기별을 받았을 때 밭을 갈고 있었다는 이야기가 사실
이라면, 저 옛날에 세나토르senator—원로원 의원들을
뜻하는 이 말은 세네스senes에서 온 것으로, '노인들'이
라는 뜻이라네—는 농부들이었던 셈이네. 신시나투

스의 명을 받은 기병대장 가이우스 세르빌리우스 아할라Gaius Servilius Ahala가 왕위를 노리던 스푸리우스 마일리우스Spurius Maelius를 체포해 죽인 일로[69] 마니우스 쿠리우스와 그 밖의 노인들이 원로원으로 소집되었을 때 그들이 있던 곳은 로마에서 멀리 떨어져 있는 농장들이었네. 그래서 그들을 데려오도록 파견된 사절들이 비아토레스viatores, 즉 '여행자들'이라고 불리게 된 것이라네.

이들처럼 땅을 경작하는 데서 기쁨을 느낀 사람들이 늙어간다고 불행할 수 있었겠는가? 나는 농부의 삶보다 더 행복한 삶은 없다고 생각하네. 모든 사람에게 건강을 가져다줄 뿐만 아니라 앞서 말했던 즐거움들도 제공하고 신들을 숭배하고 인간이 살아가는 데 필요한 모든 것을 넉넉히 제공하니까 말일세.

세상에는 물질적 재화에 관심이 많은 사람들이 있지. 그들이 내가 하는 다음의 말을 듣고 나를 좋게 보아주었으면 하네. 장래를 생각하고 열심히 일하는 농부라면 누구나 포도주, 기름, 식량들이 가득한 저장실과 지하실을 갖고 있는 법이네. 방마다 돼지고기, 염소 고기, 양, 닭이나 오리, 거위, 우유, 치즈, 벌꿀이 들어차 있어 농가 전체가 풍요로운 기운으로 가득하다네. 그리고 농부들이 '제2의 돼지 뒷다리'라고 부르는 남새밭이 있네. 농부는 일을 하지 않는 시간에는 새를 잡거나 사냥을 하며 즐긴다네.

초록의 목초지, 줄지어 서 있는 나무들, 아름다운 포도밭과 올리브 과수원에 대해서까지 이야기할 필요는 없을 걸세. 그러니 간단히 말하겠네.

잘 가꾼 농장만큼 우리 삶에 도움이 되거나 아름다운 것은 있을 수 없네. 노년은 농사일을 즐기는 데 장애물이 아니며 오히려 그러한 즐거움을 부르고 더 크게 해준다네. 노인이 햇볕을 쬐거나 화롯불의 온기를 느끼기에 시골만큼 좋은 곳이 어디 있겠는가? 여름에 나무 그늘이나 시냇물로 건강하게 몸을 식힐 수 있는 곳이 시골 말고 어디 있겠는가?

## 58

무기, 말, 창, 검, 공, 수영 시합, 도보 경주는 젊은이들이 차지하고, 나 같은 노인들에게는 주사위 놀이와 공기놀이나 남겨주게. 원한다면 그것도 다 가져가게. 그런 것이 없어도 행복할 수 있으니 말일세.

크세노폰이 남긴 글은 많은 주제에 관해 유익한 내용을 담고 있으니 지금까지처럼 앞으로도 계속 열심히 읽어보게. 그는 가정 경영에 관해 쓴 책에서 농업을 격찬했네. 농업을 왕이 추구할 만한 일로 보았지. 크세노폰의 책에서 소크라테스가 크리토볼루스Critobolus에게 했던 이야기를 들려줄 테니 한번 들어보게.[70]

뛰어난 지성과 선정으로 유명했던 페르시아의 왕자 키루스Cyrus the Younger가 스파르타의 용맹한 장군 리산데르Lysander를 사르디스Sardis로 초대했네.[71] 리산데르는 동맹국들이 보낸 선물을 가지고 사르디스로 갔다네. 키루스는 손님인 리산데르를 극진히 대접했는데 잘 가꾼 거대한 정원을 함께 둘러본 것도 그중의 하나였네.

리산데르는 반듯하게 줄을 맞춰 자라고 있는 멋진 나무들, 깨끗하게 잘 관리되고 있는 토양, 꽃들에서 퍼져 나오는 기분 좋은 향기에 관해 키루스에게 찬사를 보냈네. 그리고는 정원을 가꾸는 데 들어간 정성과 정원의 모든 것에서 볼 수 있는 신묘한 배치가 정말로 인상적이라고 덧붙였네. 그러자 키루스는 "모두 내가 설계한 것이오."라고 말했네. "저 줄들과 배치도 내가 한 것이고 나무들도 내 손으로 직접 심은 것이 많다오."

리산데르는 키루스의 자주색 용포와 빛나는 멋진 신체와 금과 많은 보석들로 장식된 페르시아 의상을 바라보고 나서 말했네. "키루스여, 사람들의 말처럼 당신은 행복한 분이군요. 운이 좋은 데다 덕까지 갖추고 있으니 말이오."

## 60

노인이라면 누구나 심고 기르는 행운을 누릴 수 있네. 땅을 경작하는 것은 생이 끝날 때까지도 할 수 있는 일이네. 마르쿠스 발레리우스 코르비누스Marcus Valerius Corvinus는 늙어서도 자기 농장에서 일을 했고 백 살까지 살았다고 하네.[72]

그가 여섯 번째로 집정관이 된 것은 처음 집정관이 되었을 때로부터 46년이 흐른 뒤였는데, 이는 우리 조상들이 노년이 시작되기 전까지의 성인 시절로 생각했던 시간에 해당하네. 그러니까 그는 그 기간 동안 공직에서 영향력을 발휘했던 것이라네. 하지만 노년의 그는 영향력은 더 많고 책임은 거의 없었기 때문에 성인 시절보다도 행복했다네.

# 품격 있게 나이 드는 법 VI

어떻게 해야 존경받을 수 있는가?

노년의 최고 영예는 존경이네. 루시우스 카에실리우스 메텔루스와 아울루스 아틸리우스 카이아티누스Aulus Atilius Caiatinus는 사람들에게 큰 존경을 받았네.[73] 그의 묘비명에는 이런 글귀가 있네.

이 사람을 두고 모든 민족이 말하네
자기 조국에서 가장 고귀한 인물이었다고.

전체 묘비명은 자네들도 잘 알고 있을 걸세. 그의 무덤에 있는 비석에 새겨져 있으니 말일세. 모든 민족이 그를 고귀한 인물로 보았다는 것은 그가 얼마나 영향력 있는 인물이었는지를 잘 보여주네. 우리 최근에 대제사장 푸블리우스 크라수스와 그의 후임인 마르쿠스 아이밀리우스 레피두스Marcus Aemilius Lepidus를 만난 적이 있지 않나.[74] 그들이 어떤 사람들인가! 그리고 내가 앞서 이야기했던 파울루스와 아프리카누스 그리고 막시무스는 어떤가? 이 사람들은 말할 때는 물론이고 단지 고개를 끄덕이는 것만으로도 권위를 보여주었네.

명예의 왕관을 쓴 노인에게 주어지는 존경은 젊음의 어떤 관능적 쾌락보다도 더 즐거운 것이라네.

## 62

그러나 명심해두게. 내가 지금 찬사를 보내고 있는 노년은 어디까지나 젊은 시절을 잘 보낸 사람의 노년이라는 것을 말일세. 그러니, 내 말을 듣는 사람들이 다들 인정했듯이 말로써 자신을 방어할 수밖에 없는 노년은 고달프다네.

주름이 지고 머리칼이 하얗게 세었다는 것만으로 갑자기 존경을 받게 되지는 않네. 젊은 시절을 잘 보낸 사람만이 노인이 되었을 때 멋지고 놀라운 결실을 수확하게 된다네.

# 63

아침에 인사하러 찾아오거나 만나달라고 청하거나 지나갈 때 길을 내주거나 자기 앞으로 다가오면 자리에서 일어나거나 광장을 오갈 때 호위를 받거나 조언을 부탁받는 등 노인들에 대한 존경의 표시는 보기에 대단한 것이 아니네. 어찌 보면 사소해 보일 수도 있네. 제대로 된 민족들이 다 그렇듯이 우리 로마인들도 이런 예의범절을 철저히 지키지.

조금 전에 이야기했던 스파르타의 리산데르는 스파르타가 노인들이 살기에 가장 좋은 곳이라고 말하곤 했다더군. 스파르타만큼 노인들에게 존중과 경의를 표하는 곳은 어디에도 없다면서 말일세. 아테네에서 어떤 노인이 연극을 보러 사람 많은 극장에 갔는데 자리를 양보하는 사람이 한 명도 없었다고 하네. 그런데 그 노인이 스파르타에서 온 사절단이 앉아 있

는 좌석 쪽으로 가자 하나같이 자리에서 일어나서 노
인에게 자기 자리에 앉기를 전했다고 하더군.

## 64

그들의 행동을 본 극장 안의 모든 사람이 진심으로 박수를 보냈다네. 그 스파르타인 가운데 한 명이 한 말이 있네. "아테네인들은 어떤 행동이 좋은 것인지 알고 있지만 그것을 행하지는 않는다."

우리나라의 복점관들 사이에는 아름다운 관습이 많이 있네만, 특히 지금 하는 이야기와 잘 어울리는 것이 있네. 그것은 복점관 가운데 연장자에게 먼저 발언할 권리를 주는 전통이네. 이 권리는 관직 서열보다 앞서고 최고 결정권자들보다도 우선한다네.

어떤 관능적 쾌락이 이러한 영향력이라는 보상에 비할 수 있겠는가? 나는 그러한 보상을 잘 활용하는 사람들은 인생이라는 연극의 종막에서 무너져버리는 서투른 배우가 아니라 자신이 맡은 역할을 끝까지 잘해내는 배우와 같다고 생각하네.

# 65

어떤 사람들은 말할 걸세. 노인들은 까탈스럽고 걱정이 많고 화를 잘 내고 빡빡하다고 말일세. 게다가 자세히보면, 어떤 노인들은 인색하기까지 하다네. 하지만 이것들은 노년의 결함이 아니라 성격적 결함이네. 게다가 노인들에게는 내가 말한 결함들에 대해 아주 좋은 변명이라고 할 수는 없지만 나름대로 변명할 만한 거리가 있네. 노인들은 자신이 무시당하고 홀대받고 조롱당한다고 생각하네. 그리고 쇠약해진 몸은 웬만한 일에도 쉽게 다치곤 하지.

하지만 이런 어려움은 훌륭하고 현명한 인격으로 극복할 수 있네. 이는 실생활에서 볼 수 있지만 무대에서도 볼 수 있네. 푸블리우스 테렌티우스 아페르 Publius Terentius Afer 의 『형제들 Adelphi 』[75]에 나오는 형제를 보게. 형은 매우 엄격하지만, 동생은 아주 관대하지.

오래 묵은 포도주가 모두 쓴맛이 나는 것은 아니듯 사람의 인격도 나이를 먹는다고 해서 반드시 까탈스러워지는 것은 아니라네.[76]

노년의 엄격함은 충분히 이해할 수 있지만, 모든 일이 그렇듯이 그것도 적절해야 하네. 까탈스러움은 결코 미덕이 아니라네. 그리고 노년의 인색함은 도대체 무엇에 도움이 될 수 있는지 이해할 수 없네.

## 66

여행자가 여정의 마지막에 짐을 늘리는 것처럼 어리석은 일이 어디 있겠는가?

# 품격 있게 나이 드는 법 VII

어떻게 죽음을 준비해야 하는가?

◇

마지막으로 노년을 부정적으로 보는 네 번째 이유를 살펴보기로 하세. 나 같은 노인에게 근심과 걱정을 안겨주기 위해 특별히 생각해낸 것 같은 주장, 그러니까 노년은 죽음에서 멀리 떨어져 있지 않다는 주장 말일세. 물론 노년이 죽음에서 멀리 떨어져 있지 않다는 것은 의심할 여지가 없네.

오랜 세월을 살고도 죽음이 전혀 두려워할 일이 아니라는 것을 깨닫지 못한 사람은 정말이지 불쌍한 사람이네. 죽음은 인간 영혼을 완전히 파괴하든가 아니면 영원히 살 수 있는 곳으로 데려가거나 둘 중 하나일세. 앞의 경우라면 죽음은 무시해도 되고, 뒤의 경우라면 환영할 만한 일이네. 다른 가능성은 없다네.

## 67

죽은 뒤에는 불행할 수 없거나 아니면 행복하거나 둘 중 하나일 수밖에 없는데, 죽음을 두려워할 이유가 어디 있는가?

게다가 자신이 저녁때까지 살아 있을 것이라고 절대적으로 확신할 만큼 어리석은 사람이 있을까? 설사 젊은이라고 해도 말일세. 사실 노인보다는 오히려 젊은이가 우연히 죽음을 맞이할 가능성이 훨씬 더 높지 않은가. 또 젊은이들은 병에 더 잘 걸리고 더 심하게 앓고 잘 낫지도 않는다네. 노인이 될 때까지 사는 사람이 드문 것은 그 때문이네. 만일 젊어서 죽는 사람이 많지 않다면, 더 현명하고 신중한 시민들이 지금보다 더 많을 테지. 이성과 훌륭한 판단은 노인들에게서 볼 수 있으니 말일세. 만일 노인이 한 사람도 없었다면, 결코 어떤 국가도 존재하지 못했을 것이네.

이제 노년이 죽음과 가깝다는 주장으로 되돌아가도록 하세. 자네들도 알다시피, 죽음은 젊은이들 사이에서도 흔한 일이네. 그렇다면 죽음과 가깝다는 것이 어째서 노년을 부정적으로 보는 이유가 될 수 있단 말인가?

# 68

스키피오, 자네도 앞날이 창창한 두 형제의 죽음
에서 느꼈겠지만 나도 사랑하는 내 아들을 잃고 이를
뼈저리게 느꼈다네. 물론 자네는 젊은이는 오래 살
희망이 있지만, 노인은 그렇지 않다고 주장할 수 있
을 걸세. 하지만 그것은 현명하지 못한 희망이네. 확
실한 일을 불확실한 일로 생각하거나 거짓을 참으로
생각하는 것만큼 어리석은 일이 어디 있겠는가?

자네는 노인은 바랄 것이 아예 없지 않느냐고 말
할 수도 있을 것이네. 바로 그렇기 때문에 노인이 젊
은이들보다 더 나은 처지에 있네. 젊음이 갈망하는
것을 노년은 이미 달성했기 때문이지. 젊은이는 오래
살기를 바라지만, 노인은 이미 오래 살았으니 말일세.

# 69

도대체 인간 세상에서 영원히 지속하는 것이 있기는 할까? 가능한 한 가장 오래, 이를테면 80년간 권좌에 있었던 타르테수스Tartessus의 왕 가데스Gades의 아르간토니우스Arganthonius처럼 120세까지 산다고 치세.[77] 그렇다 해도 끝이 있는 것은 영원한 것일 수 없네. 끝이 왔을 때는 그 이전의 모든 것은 이미 사라지고 없을 테니 말일세.

남은 것이 있다면, 자네가 살면서 해온 선하고 가치 있는 행위들뿐이네. 몇 시간, 며칠, 몇 달, 몇 년이 흘러도 과거는 돌아오지 않고 미래는 알 수 없네. 우리는 그게 얼마든 간에 주어진 삶의 시간에 만족해야 하네.

배우가 연극이 시작해서 끝날 때까지 무대 위에 계속 있을 필요는 없네. 필요한 장면에만 등장하면 되네. 마찬가지로 현명한 사람은 관객이 마지막에 박수갈채를 보낼 때까지 이 세상이라는 무대에 있을 필요가 없네.

우리에게 주어진 삶의 시간이 짧더라도, 진실되고 올바르게 살기에는 충분히 기네. 그렇다고 더 오래 산다고 해서 슬퍼할 일은 아니네. 즐거운 봄이 여름과 가을로 바뀌는 것을 농부가 슬퍼할 이유가 없듯이 말일세. 봄이 결실의 전망을 가진 젊음이라면, 우리의 노년은 수확하고 저장하는 계절이라네.

앞서도 말했듯이 이전에 누렸던 풍요로운 축복을 되돌아보는 즐거움은 노년에만 맛볼 수 있는 것이네.

자연에 부합하는 것은 모두 좋은 것이라고 볼 수 있네. 그런데 노인이 죽는 것만큼 인생에서 자연스러운 일이 어디 있겠나? 반면에 젊은이가 죽을 때 자연은 죽음을 거부하고 맞서 싸우네.

죽어가는 젊은이를 보면 큰비에 꺼지는 불이 생각나네. 죽어가는 노인을 보면 연료가 다 떨어져서 저절로 사그라들며 꺼져가는 불이 떠오르네. 마찬가지로 녹색의 사과는 따기 힘들지만 다 익은 사과는 저절로 떨어지네. 죽음은 젊은이들에게는 폭력적으로 다가오지만 노인에게는 제때 찾아오네. 이런 생각은 내게 큰 위안이 된다네.

죽음이 가까워질수록, 나는 오랜 항해 끝에 마침내

고향 포구에 거의 다다른 항해자 같은 기분이 드네.

## 72

노년은 기한이 정해져 있지 않네. 그러니 죽음에 구애받지 않고 자신이 마땅히 해야 할 일들을 할 수 있는 한 계속 살아가면 되네. 그러면 노년은 젊음보다도 더 두려움 없고 활력 넘치는 시기가 될 걸세. 솔론을 보게. 폭군인 피시스트라투스Pisistratus78가 솔론에게 뭘 믿고 한사코 자신에게 반대하느냐고 물었을 때 그는 다음과 같이 답했네. "많은 나이요."

가장 좋은 최후는 정신과 육체가 아직 온전해서 자연이 스스로 만든 것을 직접 해체할 때라네. 배나 집을 제대로 해체할 수 있는 사람은 그것을 만든 사람이네. 마찬가지로 인간을 가장 잘 해체할 수 있는 것은 능숙한 솜씨로 인간을 만든 자연이라네. 새집은 부수기 어렵지만 오래된 집은 쉽게 무너지는 법이지.

그러니 노인은 얼마 남지 않은 삶에 탐욕스럽게 매

달려서도 안 되고 합당한 이유 없이 삶을 포기해서도
안 되네.

피타고라스는 사령관인 신(데우스<sup>deus</sup>)[79]의 명령이 있을 때까지 우리는 이승에서 맡은 보초 직을 그만두어서는 안 된다고 말하네. 현자 솔론은 자신이 죽었을 때 친구들이 슬퍼하고 애도하기를 바라는 시를 썼네. 친구들이 자신을 매우 소중히 여긴다는 것을 사람들에게 보여주고 싶었던 것이지. 그러나 나는 엔니우스의 생각이 더 좋다고 생각하네.

나를 위해 슬퍼해줄 사람도
장례식에서 곡하는 소리도
나는 원하지 않네.

그는 죽고 나면 영원한 삶이 있을 것이므로 죽음을 슬퍼해야 할 이유가 없다고 본 것이네.

죽어갈 때 고통이 있을지도 모르지만 그런 고통은 곧 끝나네. 특히 노인들에게는 더 그렇다네. 그리고 죽은 뒤에는 즐거운 경험만이 있거나 아니면 아무것도 없거나 둘 중 하나일세. 그러니 죽음을 두려워하지 않도록 이런 사실을 젊을 때부터 머리에 잘 새겨두어야 하네. 이런 믿음 없이는 마음의 평화란 있을 수 없네.

알다시피 죽음을 피할 수는 없네. 죽음은 바로 오늘 찾아올 수도 있네. 죽음이 항상 우리를 위협하고 있는데 죽음을 두려워한다면, 그 사람의 영혼이 어찌 견고할 수 있겠는가?

이를 보여주기 위해 이런저런 사례들을 구구절절 늘어놓지는 않겠네. 몇 가지 사례만으로도 충분할 걸세.

조국에 자유를 가져오려다 죽은 루시우스 주니우스 브루투스Lucius Junius Brutus[80], 말을 타고 전속력으로 사지로 뛰어든 두 명의 푸블리우스 데시우스 무스Publius Decius Mus[81], 적에게 한 약속을 지키기 위해 고문을 받으러 돌아간 마르쿠스 아틸리우스 레굴루스 Marcus Atilius Regulus[82], 군대를 이끌고 카르타고 군의 전진을 저지한 두 명의 스키피오[83]와 칸나이 전투에서 참패를 하게 만든 동료의 어리석음을 속죄하기 위해 자신의 목숨을 바친 자네의 할아버지 루시우스 파울루스[84], 무자비한 적조차 경의의 표시로 장례식을 치러준 마르쿠스 클라우디우스 마르셀루스Marcus Claudius Marcellus[85]를 생각해보게. 혹은 내가 로마 역사에 관해 쓴 책에서 이야기했듯이 돌아오리라는 희망조차 가질 수 없는 위험을 향해 용기와 열정으로 진군한 우리의 군대들을 생각해보게.

이렇듯 시골에서 올라온 못 배운 젊은 군인들조차 아랑곳하지 않는 죽음을 현명한 노인들이 두려워하겠는가?

삶의 여정에서 그때그때 즐길 것을 모두 즐겼으면 살 만큼 산 것이네. 청년이 되면, 어린 시절에 좋아하는 것을 더는 열망하지 않네. 중장년이 되면, 청년 시절에 좋아하던 것들을 더는 원하지 않네. 노년이 되면, 중장년일 때 즐기던 쾌락들을 더는 추구하지 않네. 노년에 누리는 즐거움도 이전 나이대의 즐거움들처럼 사라지게 마련이라네. 그때가 바로 살 만큼 살았으니 떠나야 할 때라네.

죽음이 가까워질수록 죽음을 더 잘 이해하게 되는 것 같네. 그러니 죽음에 대한 내 생각을 한번 들어보게.

스키피오와 라엘리우스, 자네들의 아버지들은 뛰어난 분들이고 내게 소중했던 사람들이네. 두 분은 돌아가셨지만 사실은 살아 계시다네. 진정한 의미에서의 삶을 살고 계시다네.

인간은 신체라는 지상의 감옥에 갇혀 있는 동안은 운명이 부여한 고역을 계속할 수밖에 없네. 영혼은 천상의 것으로 본래 신적이고 영원한 것인데 천상에서 지상으로 떨어져 신체에 갇힌 것이네. 나는 불멸의 신들이 인간의 몸속에 영혼을 심은 것은 지상을 보살피고 신적 질서를 사유하고 신적 질서를 본받아 절제되고 올바른 삶을 살아가도록 하기 위해서라고 생각하네.

나 혼자만의 추론과 논리가 아니라 가장 유명하고
권위 있는 철학자들의 인도를 받아 이런 믿음에 다다
른 것이네.

## 78

'이탈리아의 철학자들'이라고 불리는 만큼 사실상 우리 동포라고 할 수 있는 피타고라스와 그의 제자들은 인간 영혼이 신적이고 보편적인 지성에서 유래했다는 것을 믿어 의심치 않았다고 하네.[86] 아폴론 신전의 신탁에서 살아 있는 최고의 현자로 인정받은 소크라테스도 생의 마지막 날에 영혼 불멸에 대해 이야기한바 있네.

더 이상 무슨 말이 필요하겠는가? 나는 인간이 번개 같은 속도로 일을 처리하고 과거에 대한 놀라운 기억과 미래에 대한 선견지명을 갖고 있고 예술과 학문에서 놀라운 능력을 발휘하고 발견의 능력도 지닌 것을 볼 때 인간 영혼은 본질적으로 소멸할 수 없다고 확신하네. 더욱이 인간의 영혼은 언제나 스스로의 힘으로 움직이기 때문에 영혼의 운동은 끝날 수도 없고 스스로 멈출 수도 없다네. 또한 영혼은 유일한 실체로서 다른 것이 전혀 섞여 있지 않기 때문에 분할될 수 없고, 그러니 결코 소멸할 수 없네.

영혼의 존재를 뒷받침하는 또 하나의 강력한 논증이 있네. 그것은 아이들이 어려운 과목을 공부하고 빨리 터득할 수 있는 것은 그것들을 처음 접하는 것이 아니라 이미 알고 있던 것을 상기하는 것이기 때문이라는 주장일세. 바로 이것이 플라톤의 생각이라네.[87]

크세노폰의 책을 보면, 죽어가는 키루스 대왕이 다음과 같이 말하는 대목이 있네.[88]

"사랑하는 내 아들들아, 너희들에게서 떠난다고 내가 더는 존재하지 않는다고 생각하지 말아라. 지금까지 함께 있을 때도 눈에는 보이지 않았지만, 너희는 내 행동을 보고 내 영혼이 내 몸속에 있다는 것을 알지 않았느냐. 그러니 아무것도 보이지 않는다고 해도 영혼이 있다고 믿어야 한다.

# 80

유명한 사람들의 높은 명성이 사후에도 지속되는 것은 그들의 영혼이 살아 있어 사람들이 그들을 계속 기억할 수 있게 해주기 때문이다. 나는 인간의 신체에 존재하는 영혼이 신체를 떠나는 순간 소멸한다고는 결코 생각할 수 없다. 또한 생각 능력이 없는 신체에서 분리된다고 해서 영혼이 생각을 할 수 없다는 것도 믿을 수 없다. 오히려 영혼은 신체와의 연결에서 벗어날 때만 순수하고 무구하고 진정으로 현명해진다. 육체가 죽어 썩어 문드러지면, 육체를 구성하고 있던 원소들은 애초에 왔던 곳으로 돌아간다. 오로지 영혼만이 육체가 살아 있든 소멸하든 간에 눈에 보이지 않는 형태로 존속한다.

잠만큼 죽음과 비슷한 것은 없다. 잠자는 동안 우리의 영혼은 신적인 본성을 여실히 보여준다. 잠이 들어 육체의 구속에서 벗어나 자유로워지면 영혼은 아주 명료하게 미래를 볼 수 있다. 이로써 영혼이 더 이상 신체에 매여 있지 않으면 무엇을 할 수 있는지를 짐작할 수 있다. 지금까지 내가 한 말이 맞다면, 너희는 내가 죽은 후에 나를 마치 신을 섬기듯이 섬길 수 있다. 하지만 내 말과 달리 내 영혼이 나의 신체와 함께 소멸한다고 해도, 적어도 너희들은 나에 대한 기억을 소중히 여기고 충실하게 지켜나갈 수 있을 것이다. 이 아름다운 세상을 보살피고 다스리는 신들을 두려워하는 사람이 될 수 있을 것이다."

바로 이것이 키루스가 임종할 때 한 말이었네. 이제 내 생각을 말해보겠네.

## 82

스키피오, 나는 자네 아버지 파울루스 혹은 자네들
의 두 할아버지인 파울루스와 아프리카누스 혹은 아
프리카누스의 아버지와 삼촌 혹은 일일이 거론할 수
없을 만큼 너무도 많은 유명한 사람들이 후세가 기억
하는 위대한 행위를 하면서 자신들이 미래와 연결되
어 있다고 믿지 않았을 것이라고는 생각할 수가 없네.

그리고 늙은이들이 흔히 그렇듯이 내 자랑을 좀 하
자면, 나는 이 나라에서 그리고 해외의 전쟁터에서
밤낮으로 노고를 아끼지 않았다네. 만일 내가 지상
의 삶이 끝남과 동시에 명성도 사라지는 것이라고 생
각했다면 과연 그렇게까지 했겠는가? 그보다는 고된
일과 전쟁에서 벗어나 조용하고 평화로운 삶을 택했
을 것이네. 그러나 영문은 모르겠지만, 내 영혼은 늘
고개를 치켜든 채 미래를 바라보았고 진정한 삶은 죽

음 이후에야 시작된다는 것을 알고 있었네.

만일 영혼이 불멸하지 않는다면, 왜 우리 가운데 가장 뛰어난 인물이 높은 명성을 얻으려고 그토록 애를 쓰겠는가?

## 83

현명한 사람들은 아주 침착하게 죽음을 맞이하는 반면, 어리석은 자들은 극도의 고통 속에서 죽어가는 이유가 무엇일까? 현자의 영혼은 예리한 통찰력이 있어서 더 좋은 세계를 향해 출발하고 있다는 것을 알지만, 어리석은 영혼은 통찰력이 없어서 자신이 어디로 가고 있는지를 알 수 없기 때문이 아닐까?

친애하는 스키피오와 라엘리우스여. 나는 자네들의 아버지, 내가 존경하고 사랑한 두 분을 다시 만날 생각을 하면 가슴이 떨린다네. 또한 그동안 알고 지냈던 사람들, 만나본 적도 없는 많은 사람들, 이야기를 들어본 적이 있는 사람들, 책에서 읽어본 적이 있는 사람들, 내가 글을 쓴 적이 있는 사람들도 만나보고 싶네. 그러니 일단 내가 저곳으로의 여행을 시작하면, 누구도 나를 돌려세울 수 없고 젊어지게 만들

려고 펠리아스<sup>Pelias</sup>처럼 나를 삶지도 못할 것이네.[89]

　만일 어떤 신께서 나를 갓난아기로 만들어 다시 요람에서 울게 하는 은총을 베푼다 해도 단호히 거절하겠네. 나는 경주를 끝마쳤네. 그런데 왜 다시 출발선으로 돌아가고 싶겠는가?

## 84

삶에서 좋은 것이 무엇인가? 그보다는 이렇게 묻는 게 더 정확할 듯싶네. 삶에 없는 문제들이 무엇인가? 물론 삶에는 좋은 것들이 있네. 하지만 좋은 것도 언젠가는 질리게 되네. 그렇다고 나를 배운 사람들에게서 많이 볼 수 있듯이 삶을 경멸하는 냉소가로 보지는 말아주게. 나는 내 삶을 후회하지 않을뿐더러 이 세상에 태어난 데는 목적이 있다고 생각하네. 그러니 삶을 떠나는 것은 여인숙을 떠나는 것이지 집을 떠나는 것이 아니네. 자연이 우리에게 육체를 준 것은 손님으로 잠시 머물라는 뜻이지 집으로 삼으라는 뜻이 아니네.

내가 영혼들이 모여 있는 신성한 곳에 합류하기 위해 이 고통스럽고 타락한 세상에서 떠나는 날은 정말로 멋진 날일 걸세. 그곳에 가면 내가 앞서 말한 사람들만이 아니라 내 아들 카토도 만나볼 수 있을 테니 말일세. 나는 내 아들 카토만큼 뛰어나고 헌신적인 사람은 본 적이 없네. 그런데 나는 내 손으로 그의 시신을 장작더미 위에서 화장했네. 그가 내 시신을 화장했어야 마땅한 일이었는데 말일세. 하지만 아들의 영혼은 완전히 소멸한 것이 아니라 나도 언젠가 오리라는 것을 알고 그곳에서 나를 기다리고 있다네.

사람들은 내가 아들을 잃은 슬픔을 의연히 견뎌냈다고 생각하네. 하지만 그렇지 않네. 사실 그것은 끔찍한 고통이었고, 단지 우리의 이별이 영원하지는 않을 것이라는 생각으로 나 자신을 위로했을 뿐이네.

## 85

스키피오, 우리가 이야기를 시작할 때 자네가 말했네. 자네와 라엘리우스는 내게는 늙는다는 것이 그다지 무거운 짐처럼 보이지 않아 늘 감탄하곤 한다고 말이지.

나는 지금까지 노년이 무거운 짐이기는커녕 오히려 즐거운 것일 수 있다고 말했네. 그리고 영혼은 불멸한다는 내 믿음이 잘못된 것이라면, 나는 기꺼이 잘못을 범하겠네. 왜냐하면 이 믿음은 나를 행복하게 해주기 때문이네. 나는 살아 있는 동안은 이 믿음을 지키고 싶네. 편협한 철학자들이 생각하듯이 죽은 뒤에는 아무것도 느끼지 못한다면, 적어도 그들과 내가 죽은 뒤에 사후 세계에서 그들이 나를 조롱하지나 않을까 걱정할 필요는 없을 것이네!

언젠가는 죽는다고 해도 적절한 때에 죽는 것이 좋

네. 자연은 다른 모든 것과 마찬가지로 삶에 대해서도 한계를 정해두었으니 말일세. 노년은 인생이라는 연극의 종막이네. 삶을 마음껏 살아보고 지쳤을 때가 바로 떠나가야 할 때라네.

나의 젊은 친구들이여, 이상이 노년에 대한 내 생각이네. 내 말이 맞다는 것을 자네들이 경험으로 분명히 확인할 수 있을 만큼 충분히 오래 살기를 바라네.

# 더 읽을거리

Cicero, Marcus Tullius. *Cato Maior de Senectute*. Edited with introduction and commentary by J.G.F. Powell. Cambridge: Cambridge University Press, 2004.

——, *How to Run a Country: An Ancient Guide for Modern Leaders*. Selected, translated, and with an introduction by Philip Freeman. Princeton: Princeton University Press, 2013.

——, *Selected Works*. Translated and introduced by Michael Grant. New York: Penguin Books, 1971.

Cicero, Quintus Tullius. *How to Win an Election: An Ancient Guide for Modern Politicians*. Translated and with an introduction by Philip Freeman. Princeton: Princeton University Press, 2012.

Everitt, Anthony. *Cicero: The Life and Times of Rome's*

*Greastest Politician*. New York: Random House, 2001.

Gruen, Erich. *The Last Generation of the Roman Republic*. Berkeley: University of California Press, 1995.

Parkin, Tim G. *Old Age in the Roman World: A Cultural and Social History*. Baltimore: Johns Hopkins University Press, 2004.

Rawson, Elizabeth. *Cicero: A Portrait*. London: Bristol Classical Press, 1983.

Richard, Carl J. *The Founders and the Classics: Greece, Rome and the American Enlightenment*. Cambridge, Massachusetts: Harvard University Press, 1994.

Scullard, H. H. *From the Gracchi to Nero: A History of Rome from 133 BC to AD 68*. New York: Routledge, 1982.

Syme, Ronald. *The Roman Revolution*. Oxford: Oxford University Press, 2002.

# 엮은이 주

**1**  이 인용문과 바로 이어서 나오는 두 인용문은 기원전 2세기 로마 시인 퀸투스 엔니우스<sup>Quintus Ennius</sup>가 로마사를 노래한 서사시 『연대기<sup>Annales</sup>』에서 가져온 것이다. 원래는 기원전 197년에 마케도니아의 필립 5세와 싸운 로마 장군 티투스 퀸크티우스 플라미니누스<sup>Titus Quinctius Flamininus</sup>에게 어떤 목자가 하는 말이다. 키케로는 플라미니누스와 자기 친구인 티투스 폼포니우스 아티쿠스<sup>Titus Pomponius Atticus</sup>의 첫 번째 이름이 같다는 사실을 이용하고 있다.

**2**  엔니우스의 시에서 바로 위의 말을 한 목자—옮긴이

**3**  키케로의 친구인 티투스 폼포니우스 아티쿠스의 가명(家名)인 '아티쿠스'는 자신이 사랑한 도시 아테네를 포함한 지역의 이름인 '아티카<sup>Attica</sup>'에서 가져왔다.

**4** 이 책을 쓸 당시에 아티쿠스는 65세, 키케로는 62세였다.

**5** 아리스토는 기원전 3세기 그리스 케오스섬 출신의 철학자를 가리키는 것으로 보인다. 티토누스는 그리스 신화에 나오는 트로이의 왕자로, 제우스는 새벽의 여신 에오스의 부탁을 받고 티토누스에게 영생을 주기는 했으나 영원한 젊음을 주지는 않았다. 그리하여 점점 늙어가고 망령이 난 티토누스는 쭈그러들다 못해 결국에는 말라비틀어진 살가죽과 귀에 거슬리는 목소리만 남는다.

**6** 마르쿠스 포르시우스 카토(기원전 234~149)는 엄격하기로 유명했던 로마의 정치가, 농부, 군인, 작가로 키케로에게 많은 찬사를 받은 인물이다. 이 책이 출간된 해인 기원전 150년에 카토는 84세로 고대 로마인치고는 대단히 나이가 많은 편이었다. 책에 등장하는 그의 젊은 친구들 중 한 명은 4년 뒤에 일어난 제3차 포에니 전쟁에서 카르타고를 물리치게 되는 스키피오 아에밀리아누스이고, 다른 한 명은 키케로의 대화편 『우정에 관하여Laelius De Amicitia』에서 주요 발언자로 등장하는 가이우스 라엘리우

스다.

**7** 시칠리아 섬의 동부에 있는 거대한 화산.

**8** 키케로가 다른 저작(예를 들어, 『우정에 관하여』)에서 말하고 있는 현자로서의 카토의 명성을 가리키는 것일 수도 있고, 카토라는 이름이 어원상 카투스$^{catus}$(현명한)와 관련이 있는 것을 가리키는 것일 수도 있다.

**9** 그리스 신화에서 거인 종족은 올림포스의 신들에 반기를 들고 있어나지만 결국 패배한다.

**10** 살리나토르와 알비누스는 카토가 집정관에서 물러나고 몇 년 뒤에 집정관을 지냈다.

**11** 테미스토클레스는 기원전 480년에 살라미스$^{Salamis}$에서 아테네 군대를 이끌고 페르시아 함대를 물리친 인물이다. 세리포스는 에게 해에 있는 보잘것없는 작은 섬이다.

**12** 퀸투스 막시무스는 제2차 포에니 전쟁이 진행 중이던 기원전 209년에 남부 이탈리아에 있는 타렌툼을 탈환했다. 한니발$^{Hannibal}$에게 승리를 거둘 때 조심스러운 전략을 구사했다는 이유로 비판자들에게 '지연 대장'이라는 소리

를 듣기도 했지만, 그는 기원전 203년 죽음을 맞이하기 전까지 집정관을 다섯 번, 독재관을 두 번 맡았다.

13 킨키우스 법(기원전 204년)은 사법 행정에 부정적인 영향을 미칠 수 있는 선물과 고객의 변호 수수료 지급을 금지했다.

14 키케로의 착각이다. 타렌툼을 잃은 것은 살리나토르가 아니라 그의 친척인 마르쿠스 리비우스 마카투스Marcus Livius Macatus다.

15 아펜니노 산맥 기슭에 위치하며 아드리아 해와 접해 있는 지역으로 오늘날 이탈리아의 마르케 주에 해당한다.—옮긴이

16 가이우스 플라미니우스는 북이탈리아에 있는 공유지에 로마 시민들을 정착시키기 위해 이 법을 제안했다.

17 고대의 그리스와 로마에는 어떤 행위를 하기 전에 신들의 뜻을 알아보기 위해 새들을 관찰해 점을 치는 관습이 있었다. 로마에는 점치는 일을 전담하는 복점관들이 있었다.

**18** 이소크라테스(기원전 436~338)는 아테네의 웅변가이자 수사학 교사다.

**19** 레온티니의 고르기아스(기원전 485?~380?)는 시칠리아에서 태어나 그리스에서 활동한 소피스트이자 수사학 교사였다.

**20** 보코니우스 법은 기원전 169년에 통과된 법으로 여성들의 상속을 제한하는 내용을 담고 있다.

**21** 루키우스 파울루스는 기원전 168년에 피드나<sup>Pydna</sup> 전투에서 마케도니아 군을 물리친 인물이다.

**22** 가이우스 파브리키우스 루스키누스(기원전 282년과 278년에 집정관이었다)는 청렴결백으로 유명했다. 마니우스 쿠리우스 덴타투스는 네 번이나 집정관이 되었으며 기원전 290년에 제3차 삼니움 전쟁을 종식시켰다. 티베리우스 코룬카니우스는 에트루리아인들과 치른 전쟁에서 승리를 거두었고 기원전 280년에 집정관이었다.

**23** 아피우스 클라우디우스 카에쿠스는 기원전 307년과 296년에 집정관이었다. 에피루스<sup>Epirus</sup>의 왕인 피로스는

기원전 280년의 전투에서 로마군을 물리치는 데 일조했다.

**24** 카토는 원로원에서 카르타고를 멸망시켜야 한다고 거듭 주장한 것으로 유명하다.

**25** 스키피오 아프리카누스$^{Scipio\ Africanus}$(기원전 236~183?). 흔히 대(大) 스키피오라고 불린다. —옮긴이

**26** 카르타고의 멸망을 말한다. —옮긴이

**27** 원로원$^{Senatus}$은 지도자 급의 '노인들, 연장자들$^{senes}$'로 구성된 기관이었다.

**28** 그나이우스 나이비우스는 기원전 3세기의 인물로 로마 초창기의 극작가였다.

**29** 아리스티데스는 테미스토클레스의 숙적이며 리시마쿠스의 아들이다.

**30** 기원전 5세기의 유명한 아테네 극작가.

**31** 시모니데스(기원전 6~5세기)와 스테시코루스(기원전 6세기 초)는 서정 시인이다. 피타고라스(기원전 6세기 후반)는 수학자이자 철학자이고, 데모크리토스(기원전 5~4세기)

는 원자론을 창시한 철학자다. 크세노크라테스(기원전 4세기)와 제논(기원전 5세기)은 철학자다. 클레안테스(기원전 331-223?)도 철학자였다. 바빌론의 디오게네스(기원전 240~152?)는 철학자로 기원전 156~155년에 로마를 방문했다.

32 카이킬리우스 스타티우스는 기원전 2세기에 살았던 로마의 희극 시인이다.

33 아테네의 정치가이자 입법가(기원전 638~558?)

34 밀로는 기원전 6세기에 올림피아 경기에서 여섯 번이나 우승을 차지한 유명한 레슬링 선수다.

35 섹스투스 아엘리우스 파에투스(기원전 198년에 집정관)는 로마의 12표법에 대한 주석서를 썼다. 푸블리우스 리시니우스 크라수스는 기원전 205년에 집정관이었으며 갑부였다.

36 루시우스 아이밀리우스 파울루스는 로마의 집정관이자 장군으로 기원전 216년 칸나에Cannae 전투에서 죽었다. 푸블리우스 코르넬리우스 스키피오 아프리카누스는 기

원전 202년에 자마<sup>Zama</sup> 전투에서 한니발을 물리침으로써 제2차 포에니 전쟁을 종식시켰다. 그나에우스 코르넬리우스 스키피오 칼부스와 그의 동생 푸블리우스 코르넬리우스 스키피오는 둘 다 로마의 장군으로 기원전 211년 스페인에서 카르타고 군과 싸우다 전사했다.

**37** 키루스 대왕(기원전 6세기)은 페르시아 제국을 세운 인물이다. 크세노폰(『키로파에디아 <sup>Cyropaedia</sup>』 8.7은 키루스 왕이 고령으로 죽었다고 말하고 있지만, 스키타이 군대와의 전투에서 죽었다고 설명하는 자료들도 있다.

**38** 루시우스 카에실리우스 메텔루스는 기원전 251년과 247년에 집정관이었다.

**39** 호메로스에 따르면, 노년의 네스토르는 필로스<sup>Pylos</sup> 왕국의 지배자였으며 그리스 군대를 이끌고 트로이와 전쟁을 벌인 아가멤논<sup>Agamemnon</sup>의 주요 조언자였다.

**40** 『일리아드<sup>Iliad</sup>』 I.249.

**41** 아이아스는 그리스 전사들 중에서 아킬레스 다음으로 힘이 센 인물이다.

**42** 카토는 기원전 191년에 셀레우코스 제국의 통치자인 안티오쿠스 3세<sup>Antiochus III</sup>의 침입을 물리치기 위해 집정관 마니우스 아실리우스 글라브리오와 함께 그리스로 파견되었다. 같은 해에 카토와 마니우스 글라브리오는 300년 전 스파르타 군대가 페르시아 군대의 침략에 맞서 싸웠던 테르모필레 고개에서 안티오쿠스를 물리쳤다.

**43** 티투스 폰티우스는 카토와 동시대 인물로 힘이 셌다는 것만 알려져 있다.

**44** 마시니사는 누미디아의 왕(기원전 148년에 사망)으로 카르타고와의 2차 포에니 전쟁 때 로마와 동맹 관계였다.

**45** 이 대화편의 등장인물인 스키피오는 흔히 대大 스키피오라고 불리는 유명한 장군 푸블리우스 코르넬리우스 스키피오 아프리카누스의 아들인 푸블리우스 코르넬리우스 스키피오의 양자로 입적되었다.

**46** 로마의 건국부터 기원전 2세기까지의 로마 역사를 기술한 책으로 알려져 있으나 지금은 남아 있지 않다.

**47** 기원전 4세기 전반에 활동했던 아르키타스는 피타고라

스 학파의 철학자이자 수학자, 천문학자이면서 플라톤
의 친구였다.

**48** 기원전 321년에 로마군이 참패한 전투.

**49** 이 당시(기원전 349년) 플라톤의 나이가 80세쯤 되었을
것이라는 점을 고려할 때 이 주장은 받아들이기 어렵다.

**50** 카토는 기원전 184년에 감찰관으로 있을 때 플라쿠스와
함께 이 면직 처분을 결정했다.

**51** 테살리아의 키네아스는 아테네의 웅변가 데모스테네스
Demosthenes의 제자였으며 피루스 왕의 부름을 받고 로마
와 협상을 벌였다.

**52** 철학자 에피쿠로스Epicurus(기원전 341~270).

**53** 푸블리우스 데시우스 무스는 센티눔 전투(기원전 295년)
에서 로마군을 지휘하다 전사했다.

**54** 플라톤의 『티마이오스Timaeus』 69d.

**55** 가이우스 두일리우스는 제1차 포에니 전쟁(기원전 260년)
때 시칠리아의 밀라이Mylae 해전에서 카르타고군을 물리
쳤다.

**56** 키벨레는 동방의 여신이다. 키벨리 숭배는 소아시아의 이다 산 근처에서 시작되었으며 카토가 재무관일 때(기원전 204년) 로마로 들어왔다.

**57** 크세노폰의 『향연Symposium』 2.26.

**58** 플라톤의 『국가Republic』 329b.

**59** 기원전 2세기에 테렌티우스Publius Terentius Afer의 희곡들을 연출하고 연기한 인물이다.

**60** 플라우투스(기원전 2세기 초)는 로마에서 가장 성공을 거둔 희극 작가 중 한 명이다.

**61** 리비우스 안드로니쿠스(기원전 280~200?)는 그리스 출신의 해방 노예로 로마에서 영향력 있는 극작가가 된 인물이다. 호메로스의 『오디세이』를 라틴어로 옮겼다.

**62** 센토와 투디타누스는 기원전 240년에 집정관이었다.

**63** 푸블리우스 스키피오는 기원전 162년과 155년에 집정관을 지냈다. 이 대화편의 화자 중 한 명인 스키피오가 양자로 입적되면서 서로 사촌이 되었다.

**64** 마르쿠스 케데구스는 기원전 204년에 집정관이었다.

**65** 오카티오occatio는 '씨앗을 흙으로 덮음, 써레질'이라는 뜻의 라틴어 명사로, '써레'를 뜻하는 오카occa에서 유래했다. 오카에티움occaecatum은 '감춰진, 숨은'이라는 뜻을 지니고 있다.

**66** 카토의 저서 『농업에 관하여On Agriculture』는 지금까지 남아 있다. 고대의 농업뿐만 아니라 초기 로마 사회의 모습도 볼 수 있는 흥미로운 책이다.

**67** 헤시오도스의 『일과 날Works and Days』.

**68** 오늘날 대부분의 학자들은 그리스의 두 시인 호메로스와 헤시오도스가 거의 동시대(기원전 8세기경)에 살았다고 본다. 호메로스는 라에르테스가 포도밭에서 땅을 판다고만 이야기하고 있을 뿐 비료를 사용한다는 이야기는 하고 있지 않다(『오디세이아』 24.227).

**69** 루시우스 퀸크티우스 신시나투스는 기원전 458년에 아이퀴 족을 물리치기 위해 그리고 다시 기원전 439년에 스푸리우스 마일리우스가 불법적으로 로마에서 권력을 쥔 것을 중단시키기 위해 독재관으로 일시적인 비상 지

휘권을 받았다고 한다. 기병대장은 로마 독재관의 부사령관이 맡고 있었다.

**70** 『오이코노미쿠스<sup>Oeconomicus</sup>』4.20-25. 플라톤처럼 크세노폰도 소크라테스의 제자였으며 자신의 여러 저작에서 소크라테스를 화자로 삼았다.

**71** 키루스는 다리우스 2세의 아들이다. 그는 기원전 401년에 자기 아버지의 왕위를 놓고 형과 벌인 전투에서 사망했다. 크세노폰은 용병으로 이 전투에 참가했다. 리산데르(기원전 395년 사망)는 펠로폰네소스 전쟁에서 아테네군을 물리치기 위해 페르시아 군과 협력한 스파르타의 장군이었다. 사르디스는 페르시아에게 정복된 소아시아의 리디아 왕국의 수도였다.

**72** 마르쿠스 발레리우스 코르비누스는 기원전 4세기 후반과 3세기 초에 여섯 번이나 로마 집정관에 오른 것으로 유명했다.

**73** 기원전 258년과 254년에 집정관이었던 아울루스 아틸리우스 카이아티누스는 1차 포에니 전쟁의 영웅이었다.

74 마르쿠스 아이밀리우스 레피두스는 기원전 187년과 175년에 집정관이었다.

75 기원전 2세기의 로마 극작가 테렌티우스가 쓴 희곡.

76 라틴어 coacesco와 영어의 sour는 '시큼해지다, 쓴맛이 나다'는 뜻과 '성격이 까탈스러워지다, 고약해지다'라는 뜻을 갖고 있다.—옮긴이

77 가데스(오늘날의 카디즈<sup>Cádiz</sup>)는 스페인 남서부의 타르테수스 왕국에 있었다. 이 이야기는 헤로도토스 1.163에 나온다.

78 피시스트라투스는 기원전 6세기 중반 아테네의 폭군이었다.

79 여기서 키케로는 이 최고의 존재를 가리키는 단어로 '데우스'라는 라틴어 단수 명사를 사용하고 있다.

80 루시우스 주니우스 브루투스는 로마의 마지막 에트루리아 출신의 왕을 무너뜨리고 나서 기원전 509년에 로마 최초의 집정관 중 하나가 되었다. 그는 왕권을 되찾으려던 에트루리아 군대와 싸우다 죽었다.

81 푸블리우스 데시우스 무스라는 같은 이름을 가진 아버
   지와 아들. 아버지는 기원전 340년에 집정관이었고 로마
   의 적들과 싸우다 죽었다. 아들도 기원전 295년에 로마
   의 적들과 싸우다 죽었다.

82 마르쿠스 아틸리우스 레굴루스(기원전 267년과 256년에
   집정관)는 카르타고 군의 포로가 되었으나 돌아와 죽을
   때까지 고문을 받겠다는 약속을 하고 로마로 협상하러
   떠났다.

83 푸블리우스 코르넬리우스 스키피오Publius Cornelius Scipio와
   그나이우스 코르넬리우스 스키피오 칼부스Gnaeus Cornelius
   Scipio Calvus를 뜻한다.

84 루시우스 아이밀리우스 파울루스는 기원전 216년 칸나
   이 전투에서 한니발이 쳐놓은 함정에 걸려 5만 명의 로
   마 군인들과 함께 전사했다.

85 마르쿠스 클라우디우스 마르셀루스는 유명한 장군이자
   다섯 차례 집정관을 지낸 인물로 한니발과의 전투(기원
   전 208년)에서 죽었다. 한니발은 그의 장례를 후하게 치

러주고 아들에게 유골도 보내주었다고 한다.

**86** 피타고라스는 그리스의 사모스에서 남부 이탈리아의 크
로톤Croton으로 이주했다.

**87** 『파이돈Phaedo』 72-73.

**88** 『키로파이디아Cyropaedia』 8.7.

**89** 그리스 신화에서 메디아Medea는 펠리아스를 토막내 가마
솥에 넣고 끓이면 그를 젊어지게 할 수 있다고 주장했다.

옮긴이_ **안규남**

한국외국어대학교 영어과를 졸업하고 서울대학교 철학과 박사 과정을 수료했다.『칼 마르크스』『간디 평전』『민주주의의 불만』『왜 우리는 불평등을 감수하는가』『위기의 국가』『인간의 조건』『평등은 없다』등 다수의 책을 번역했으며,『철학 대사전』편찬에도 참여했다.

## 어떻게 나이 들 것인가?

**초판 1쇄 인쇄** 2021년 3월 8일　**초판 2쇄 발행** 2022년 10월 1일

**지은이** 마르쿠스 툴리우스 키케로　**엮은이** 필립 프리먼　**옮긴이** 안규남
**펴낸이** 김종길　**펴낸 곳** 글담출판사　**브랜드** 아날로그

**기획편집** 이은지·이경숙·김보라·김윤아　**영업** 김상윤
**디자인** 손소정　**마케팅** 김민지　**관리** 김예솔

**출판등록** 1998년 12월 30일 제2013-000314호
**주소** (04029) 서울시 마포구 월드컵로8길 41 (서교동 483-9)
**전화** (02) 998-7030 **팩스** (02) 998-7924
**페이스북** www.facebook.com/geuldam4u　**인스타그램** geuldam
**블로그** blog.naver.com/geuldam4u

**ISBN** 979-11-87147-71-8 (04160)
　　　979-11-87147-61-9 (세트)

엮은이_ **필립 프리먼** Philip Freeman

하버드대학교에서 고전과 켈트학 박사학위를 받았다. 하버드신학교, 워싱턴 D.C.의 헬레닉 연구센터에서 초빙학자로 일했고 아이오와주 데코라의 루터대학과 세인트루이스의 워싱턴대학교에서 고전학 교수를 지냈다. 현재 캘리포니아주 말리부에 있는 페퍼다인대학교에서 인문학을 가르치고 있다.

지은 책으로는 『알렉산더 대왕Alexander the Great』, 『사포를 찾아서Searching for Sappho』, 『다시 읽는 그리스로마 신화Oh My Gods: A Modern Retelling of Greek and Roman Myths』 등 다수가 있다.